Compreende

Compreendendo as Mulheres

John Danen

Published by Jonh Danen, 2022.

While every precaution has been taken in the preparation of this book, the publisher assumes no responsibility for errors or omissions, or for damages resulting from the use of the information contained herein.

COMPREENDENDO AS MULHERES

First edition. September 30, 2022.

Copyright © 2022 John Danen.

ISBN: 979-8215977217

Written by John Danen.

Sumário

Quem sou eu..1

Introdução..3

Consciência de ser uma mulher. 6

A juventude e as primeiras decepções...........................9

Pressão social para se casar e ter filhos. 12

A decisão difícil e seus imensos riscos....................... 14

Casamento e família... 18

Separação. 21

De volta à formalidade.. 24

A feliz queda da mulher.. 26

Peculiaridades e comportamentos............................... 29

A abundância de homens. 30

Quem as deixa loucas?.. 32

Cultura.. 38

Tecnologia... 39

A outra infidelidade. 41

Viajando com mulheres.. 43

A provocação como uma arma de influência. 46

A inveja. 50

A competição entre elas.. 52

Indecisão... 54

Ouça as mulheres... 55

Como manipulam e implantam ideias. 59

Pensam que são celestiais.. 61

Elas se acham mais espertas. 62

As fans... 64

Amigas. 66

Necessidade de afeto. 67

Romantismo, a grande mentira. 69

Classe social e relacionamentos. 70

Feminismo e como utilizá-lo a nosso favor................. 72

Um mundo feminista, por favor! 76
O fim. 78

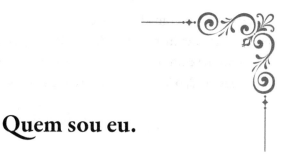

Quem sou eu.

Eu sou John Danen, sedutor, escritor e treinador de sedução. Toda minha vida estive no negócio de paquerar e, quando criança, tinha uma queda por meninas. Assim que pude me dedicar à tarefa de flertar com elas. Tem sido um trabalho duro, longo e árduo, um trabalho de muitos anos de dedicação, melhoria e aperfeiçoamento.

Eu sou o melhor coletor do mundo? É claro que não, não por muito tempo, há muitos homem que se atiraram em muito mais.

Sou o mais conhecedor? Nenhum dos dois, mas aqui estou melhor colocado do que na pergunta anterior. Porque, além de flertar, penso e analiso muito cada interação, sempre chegando a uma explicação para isso. Aqueles que estiveram com mais mulheres do que eu deveriam saber mais, embora ninguém possa garantir que elas também analisem tudo minuciosamente.

Então quem diabos sou eu? Acho que sou um homem que esteve com muito, que sabe muito, e o mais importante e fundamental sobre mim, que é que minha sabedoria, eu sei como transmiti-la muito bem.

A experiência me dá a sabedoria. Sabedoria que adquiri ao observar cuidadosamente o que estava acontecendo comigo.

Meu maior mérito não foi ligar muitos, nem adquirir muita sabedoria, mas saber expressá-la de forma simples, clara e direta, com um estilo muito próximo.

Penso que este estilo e esta forma de comunicar é valorizada pelo público. Eu faço algo como decodificar a sedução.

JOHN DANEN

Agora eu o convido a ler este livro e aumentar sua capacidade de decodificar meninas. Entenda-os. Preocupo-me com seu progresso, preocupo-me com sua melhoria, quero que você se comunique comigo e quero que você, o leitor, melhore sua vida através deste livro.

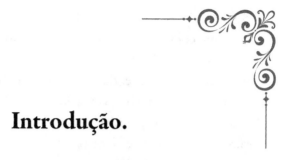

Introdução.

Neste livro vou lhes dizer o que as mulheres realmente pensam. É realmente difícil entender como elas pensam, porque há várias exigências na mesma pessoa:
1. A primeira é ter muita interação com elas, tanto no amor, como na amizade e no trabalho.
2. Ser uma pessoa observadora e atenciosa.
3. Compreender a linguagem corporal até a perfeição.
4. Tenha uma mente afiada e imaginativa que possa ver além de suas palavras.
5. E o mais importante, ter boas habilidades analíticas para decodificar suas interações.

Sua interação com elas tem que ser animal em quantidade, assim você processará os comportamentos deles. Você precisa interagir com milhares de mulheres. Isto é essencial para entender o que elas pensam. Você precisa saber qual é a mensagem por trás da mensagem que elas aparentemente estão transmitindo a você. Há duas mensagens: a que elas dizem abertamente e a verdadeira mensagem que você deve entender por trás das palavras deles. Elas transmitem esta mensagem sem expressá-la abertamente. Elas o transmitem com suas palavras, gestos, ações, inações, olhares e silêncios.

Aqui vou explicar todos os truques, todas as técnicas para entender tanto o que dizem quanto o que não dizem. Vou dar exemplos de muitas interações, para que você possa realmente ver o que está acontecendo em sua cabeça, e o que motiva suas ações.

4 JOHN DANEN

Dominando esta arte, a arte de decodificar, você será capaz de agir corretamente com elas e não perderá seu tempo em interações absurdas que não vão a lugar algum.

Se você conseguir entender perfeitamente como as mulheres pensam, elas o verão como o melhor, o máximo. Você será desejado por elas em todas as áreas da vida, inclusive, é claro, sexualmente.

Mas não se preocupe, você não terá que passar anos lidando com elas, eu já fiz isso! Passei décadas interagindo com elas, observando seu comportamento, analisando-os. Isto me ajudou a flertar, mas não exclusivamente por isso, mas por muito mais: para ganhar sua validação para qualquer coisa, para ser valorizado no trabalho, para ser bem visto. Bem, sem mais delongas, começo a analisar como as mulheres se comportam.

COMPREENDENDO AS MULHERES

Etapas de sua vida amorosa

Consciência de ser uma mulher.

Entre os 12 e 14 anos de idade, a menina passa de criança a mulher. A outrora doce menina começa a se desenvolver em uma forma corporal que é atraente para os homens. Um dia, logo após esta mudança física, acontece a mudança mental. Esse dia poderia muito bem acontecer, como eu vou relatar neste exemplo.

Exemplo 1.

A tia Maria pede à menina para descer as escadas para comprar pão. A garota não tem vontade de fazê-lo, mas não tem vontade de fazê-lo, isso a irrita! Então ela pensa - como posso sair disto? então ela vê seu primo Julián ali e pensa - eu poderia perguntar-lhe, ele parece estar me olhando muito ultimamente, talvez ele goste de mim, sim, eu vou perguntar-lhe - ela vai até o primo e diz - eu vou perguntar-lhe.

Ela se aproxima de seu primo e lhe diz, olhando para ele com encanto.

-Seu primo, você pode descer as escadas e comprar pão?

Enquanto isso, ela sorri para ele com um rosto celestial, e toca seu braço.

Para sua surpresa, o primo diz que sim, ele tem o prazer de descer.

A garota está impressionada com o que aconteceu. Ela foi poupada da tarefa e não apenas isso, ela percebeu que um menino a faz feliz só de pedir. A garota percebe que colocando uma boa homem, sorrindo, aproximando-se um pouco mais dos meninos, ela os leva a fazer o que quer.

COMPREENDENDO AS MULHERES

A prima volta com o pão, a menina pede o pão à prima, diz - muito obrigada - e lhe dá um pequeno abraço para fortalecer ainda mais sua influência sobre ele. O menino nota alguns pequenos caroços esmagados contra seu peito, muito alegre de sentir. Ele está surpreso e entusiasmado com este contato. Ele está muito contente, encantado com o que aconteceu com ele e ansioso para fazer mais recados e ajudar seu primo. Dentro de alguns dias, a confirmação deste poder virá. Isto acontece quando a tia Maria lhe pede para descer para comprar novamente pão e, mais uma vez, o primo faz o trabalho. Mas desta vez ele nem precisou perguntar-lhe, assim que o primo ouviu isto, ele automaticamente se ofereceu para fazer o trabalho por ela. E assim o primo estava a seu serviço. Uma e outra vez. Mais tarde, seria outro menino que seria manipulado com resultados idênticos. Eles não só se permitiram ser manipulados, como também ficaram encantados.

Chega um momento em que a menina se torna plenamente consciente de todo o seu poder sobre os meninos. Ela percebe porque eles a ajudam tanto. É por causa de seus seios, sua forma, etc. Ela percebe que quanto mais se aproxima deles, mais poder ela tem, se lhes toca, mais poder ela tem, e não estamos falando de se ela os beijar no rosto, então eles farão o que ela quiser, quando ela quiser, como ela quiser. Eles o farão imediatamente. A partir deste ponto, ela passará o resto de sua vida desfrutando de seu tremendo poder.

É precisamente neste momento, quando a consciência de sua atração sexual é ativada, que ela está consciente de todo seu poder, um poder que vem de seu corpo atraente.

A partir deste momento, a única coisa que ela fará até sua morte é maximizar este poder, influenciar todos os homens que lhe interessam com sua atração sexual.

A garota fará experiências e assim ela usará todos os tipos de acessórios e roupas. Será tentativa e erro. Pouco a pouco, ela aperfeiçoará suas habilidades e encontrará seu estilo com as roupas, maquiagem, acessórios e outros itens femininos que melhor lhe convierem. Os

JOHN DANEN

acessórios que ela achar que lhe dão mais capacidade de influenciar os meninos serão selecionados. Seu poder cresce, à medida que sua beleza cresce e ela refina seu estilo.

Tudo vai bem para a menina que sente que é a rainha do mundo, mas logo surgem problemas. Ela percebe que existem outras garotas com um atrativo semelhante ou superior ao seu próprio. Haverá competição para ser o mais atraente e o que mais os influencia. Cada um vai querer ser a rainha, a que tem mais poder, a que tem mais garotos atrás dela. Todo esse poder aumentará exponencialmente seus egos.

As meninas não são muito agressivas e disfarçarão sua inimizade com outras meninas exibindo uma falsidade que aumentará com o passar dos anos. Estas meninas bonitas e bonitas são suas rivais, pois são as únicas que podem ficar entre ela e seus objetivos, por isso serão sempre inimigas dela. Da frente ela será solidária, e de trás ela fará tudo o que puder para derrubá-los.

Há muita competição, estas meninas, amigas de nossa protagonista, estão ficando cada vez mais bonitas, por isso, para desassentá-las e subir a escada da bela, nossa protagonista começará a consumir, ainda mais, todos os tipos de potengues e produtos. Ela comprará as roupas mais provocantes que sua mãe lhe deixará e consumirá o que for necessário para realçar sua beleza. Disso deriva o consumismo exacerbado que os acompanha para o resto de suas vidas.

A juventude e as primeiras decepções.

A garota cresce e desenvolve cada vez mais suas armas femininas. Muitos garotos se aproximam dela. Todos eles estão entusiasmados com ela e ela sabe disso. Ela gosta de um em particular e é para ele que ela se aproxima, aquele que ela sorri, aquele que ela olha, enfim, aquele para o qual ela facilita as coisas. Esse homem, se não for excessivamente estúpido, vai perceber isso, e se gostar um pouco da garota, vai atrás dela. Ela dirá que sim, ou simplesmente o deixará fazer isso.

Agora a menina tem o homem dos seus sonhos para começar a beijar e fazer amor com ela.

A garota foi ensinada que não pode fazer sexo com qualquer um, que tem que ser um homem que a ama e a respeita. Ela não pode simplesmente andar por aí dando sua grandeza a qualquer um. Ele tem que merecê-la, mostrar-lhe que realmente se preocupa com ela, que não está nisso por causa do sexo.

Se a garota tiver sorte, este será o caso e vai funcionar muito bem. Haverá aquele amor romântico agradável, mas há momentos em que a garota encontra um rapaz mais velho e mais experiente. Um homem que tem outras intenções, menos amorosas e mais sexuais.

A menina em sua inocência o ama, se apaixona por ele e, portanto, concorda em fazer o que ele quer, apesar dos conselhos de sua mãe. A garota perde sua virgindade para um homem bastante bandido que logo depois a abandona. Este evento será um choque terrível para ela. Esta é apenas uma possibilidade. Uma possibilidade que acontece em muitas ocasiões. Há muitas meninas a quem isto acontece.

Normalmente isso não acontece, mas a relação se consolida ao longo de vários anos. Durante esses anos ela seguirá as diretrizes de sua mãe e restringirá muito o sexo. Eventualmente, devido à pressão do garoto, e porque parece que ele está realmente apaixonado, ela cede e dorme com ele.

Também poderia ser o caso de ela dormir com ele rapidamente, ignorando totalmente os conselhos de sua mãe. Em resumo, há muitas possibilidades, cada uma das quais mudará um pouco a mentalidade da garota no futuro. Para algumas meninas pode ser um trauma perder sua virgindade para um menino inadequado, para outras não é problema algum, cada menina é diferente. Há uma grande variedade de sensações que elas sentem e situações que acontecem.

O problema é que eu acho normal ter um primeiro namorado com quem ela dorme de boa vontade e muito rapidamente. Também é normal que este namorado dure alguns anos, mas não prospere no final, e assim a menina fica sem namorado e tendo perdido sua virgindade.

Eu não acho que isto seja um trauma muito grande para a maioria das meninas, mas bem, há todo tipo de coisas. A partir de então, uma vez feito o sexo, ele se tornará algo normal para ela e ela o terá com todos os outros homem. Elas farão sexo com muito menos esforço em comparação com o primeiro namorado. Este primeiro namorado é aquele que pagou o preço para a sociedade conservadora que idealizou a virgindade. Em outros casos isso não acontece e não há tanta pressão para manter a virgindade, depende do lugar e da cultura.

Como sou um homem maduro, sofri esta pressão social que os impediu de desflorar. Elas só fizeram isso quando estavam em um relacionamento há muito tempo e tinham certeza de que estavam com a pessoa certa. Mesmo assim, elas eram inseguras e temerosas. Era assim que as meninas eram quando comecei a ter relações sexuais no final dos anos 80 e início dos anos 90.

COMPREENDENDO AS MULHERES

Minha primeira namorada, por exemplo, me fez esperar um ano e meio pelo momento de chegar, me matando de fome, por assim dizer.

Pressão social para se casar e ter filhos.

Nossa amiga vai de namorado em namorado, flertar para flertar, até encontrar alguém que realmente se encaixe no que ela quer. Este tempo de ir de namorado em namorado em busca do homem certo é um tempo de tentativa e erro. Pouco a pouco ela fica com uma idéia clara do protótipo do homem que ela quer. Acontece com freqüência que o homem que ela quer é precisamente o homem menos adequado para ela, o que leva à seguinte dicotomia: ou se diverte com o homem que ela realmente gosta, mas com quem não há futuro; ou se contenta com o homem que ela não gosta tanto, mas que, a longo prazo, será melhor porque ele é mais confiável e comprometido.

Enquanto elas sentirem pouca pressão para ter filhos, estarão festejando e festejando e todos os malandros encantadores terão sua chance de ter sexo com elas, mas à medida que se aproximam deste terrível momento em que devem procurar um homem para começar uma família, elas restringirão cada vez mais o acesso aos malandros e darão preferência aos bons da fita que estão comprometidos.

Os homens têm pressão social para se casar e ter filhos, mas a pressão sobre as mulheres é muito maior. O tempo em que elas são adequadas para a gravidez é bastante curto, e a maior parte do tempo dura até os 42 ou 43 anos no máximo, sendo o tempo perfeito de 25 a 35 anos. Algumas engravidam aos 16 anos, outros aos 44, o fato é que até hoje ainda é reprovado não ter filhos. Esta pressão e este desejo de começar uma família os condiciona muito. A pressão muitas vezes os faz escolher

COMPREENDENDO AS MULHERES

homens com pouca atratividade, mas com grande capacidade de compromisso, ao invés de homens sedutores, atraentes mas pouco comprometidos.

A decisão difícil e seus imensos riscos.

E assim, um dia, sem se darem conta, num milionésimo de segundo, elas tomam a decisão, - este vai ser meu namorado! A partir de então, o menino pensará que é um mestre da sedução, porque o que quer que ele faça e diga será aplaudido por ela. Ele foi selecionado por ela e agora está apostando muito nesta decisão. Isto poderia sair pela culatra, porque se ele não for o certo, perderá tempo, tempo que está se esgotando pouco a pouco. Mas esta decisão pode se tornar ainda pior. Você pode procriar com um homem que será um péssimo pai e não cuidará de seus filhos. Portanto, se esta decisão, que ela toma quase instantaneamente, der errado, ela terá conseqüências para o resto de sua vida e a prejudicará em um nível enorme.

O escolhido passará no teste racional e no teste emocional, ambos aceitáveis. Ele é simplesmente bastante acomodado ao que ela requer e, portanto, será escolhido.

Muitas vezes o bom é eliminado e o mau é levado. Isto acontece por causa da tremenda atração que o vilão tem sobre elas. Outras vezes há um canalha maravilhoso, simpático e encantador, que é bastante engraçado e não é mau de coração, e elas não confiam nada nele, e pegam um chato e entediante. Um homem que os aborrece por décadas. Elas lamentam terrivelmente que tenham cometido um erro.

Ambas as decisões são perigosas, ficar com a descaradamente atraente, ou ficar com a menos atraente formal. É a elas que cabe fazer essa escolha. Tanto aqueles que escolhem um, quanto aqueles que

COMPREENDENDO AS MULHERES 15

escolhem o outro, na maioria dos casos perderão, porque nenhum deles é bom.

No final, tudo se equilibra, aquele que é formal e confiável será terrivelmente chato e, a longo prazo, acabará pesando sobre elas. Aquele que é engraçado, charmoso e fantástico também lhe dará um grande desgosto com suas infidelidades. Portanto, qualquer que seja a sua escolha, você terá um benefício semelhante em ambos os casos. Acho que a sedutora é melhor, mas isso cabe a elas decidir.

O menino mau é aquele que elas querem, aquele que as atrai, aquele que as faz suspirar, o verdadeiro homem que elas querem. Mas a maioria delas sacrifica suas vidas pelo bem-estar futuro de seus filhos. As mulheres são estrategistas, olham para o longo prazo e suas decisões são quase sempre frias e racionais. O sedutor os tem emocionados e assim devem ser, pois assim que pensam e analisam, podem deixá-lo.

Elas levam o soso, criam seus filhos e passam cerca de 20 anos com ele. Em seu íntimo, inacessível a todos, em seu verdadeiro eu, sua alma, elas anseiam pelo menino mau da vida. Ele se esgueira em seus sonhos molhados e excitados e as fode maravilhosamente. Elas anseiam pelo retorno daquele menino mau que os excitou tanto e os decepcionou tanto. Quase nenhum deles jamais o admitirá. Pelo contrário, elas dirão que acertaram, porque uma vez que tomaram uma decisão tão importante e transcendental, não podem voltar atrás e admitir que estavam errados, jogando fora décadas de suas vidas dedicadas a um casamento que fracassou.

Alguns mais sinceros o reconhecem, e há até mesmo alguém que disse que se o menino mau aparecesse em seu casamento ela romperia o noivado e se casaria com ele, deixando o noivo em apuros. Estes sinceros são poucos e distantes entre si.

Algumas mulheres sabem que não vão ser felizes com o bom rapaz, mas ainda assim casam, simplesmente para poder ter e criar seus filhos.

Alguns têm seus maridos abandonados em suas cabeças, décadas antes que isto realmente aconteça. Elas se casam por interesse, não por interesse econômico neste caso, mas por interesse estratégico, um interesse que realizam para garantir que tenham descendência. Elas sabem que serão bem tratados e que ele se sacrificará pela família. Elas o deixarão cumprir seu papel de pai. Elas estarão com ele por muito tempo, mas com a provisoriedade no coração, e até planejarão o ano em que o deixarão, décadas antes que isso aconteça.

Uma vez cumprida sua função reprodutiva e nutritiva, com as crianças crescidas, elas o abandonarão sem muita misericórdia. Elas não terão piedade dele, o usurpador de seu verdadeiro amor, pois lhe deram anos e anos de sua vida, sacrificando-se quando poderiam estar rindo e se divertindo com aquele garoto encantador de quem tanto gostavam, há tanto tempo atrás. Nunca o esqueceram, e mesmo em alguns casos muito raros, por ser tão difícil de acontecer, elas voltam para o menino mau pelo qual se apaixonaram há 20 ou 30 anos.

Seu verdadeiro amor. O homem. O verdadeiro homem que sempre deveria ter estado lá e elas o empurraram para longe.

Você está para sempre na cabeça deles. Este retorno quase nunca se materializa e vidas inteiras se perdem fazendo exatamente o oposto do que realmente queriam fazer.

A culpa por este drama reside na pressão para formalizar e formar uma família, mas também no instinto materno e em seu caráter frio e calculista. Um caráter que elas desenvolveram em tempos primitivos através de milhões de anos de submissão à força do homem. Elas foram feitos dessa maneira e não é culpa delas. Elas aprenderam a não pensar em si mesmas, a pensar na própria espécie. Aprenderam a planejar, a influenciar pela astúcia, a implantar suas próprias idéias nos outros, a sobreviver pela estratégia, pela ação indireta, pelo charme, pelo carisma. Se elas fossem deixadas à sua própria sorte e pudessem estar livres dessas pressões e esquemas mentais, então elas nunca nos abandonariam, pois somos os homens de seus sonhos. Lutamos contra milênios de uso estratégico de suas mentes.

COMPREENDENDO AS MULHERES   17

Elas gostam do menino mau por diversão, mas não o vêem como útil para criar crianças, por isso escolhem o menino bom para isso, elas se sacrificam. Depois o largam e voltam para o mau da fita. Ou pelo menos um menos menos suave que o que elas tinham.

Aqueles que são corajosos e escolhem o menino mau (10%) estão muito felizes com ele e fazem vista grossa para seus constantes namorados. As crianças saem assim, não sem um pai, mas com menos pai. No final, elas o tomam por certo e perdoam tudo, aceitando-o como ele é. Alguns ficam fartos de muitas infidelidades. Seu plano e desejo é tranquilizá-lo para que ele gradualmente se ajuste a ser um menino mais formal. Alguns conseguem, quase todos falham.

No final das contas, os que estão com o tipo formal são tão felizes quanto os outros que estão com o canalha. A vida de 4, 5 e 6 dos formais e a de 8, 9 e 10 mas também 2, 1 e cerca de 0, dos que estão com o sem-vergonha, no final, soma-se quase a mesma.

E assim a vida e a seleção natural avançam e a espécie prospera, além de algumas, outras e outras. A vida faz o seu caminho.

Se alguma coisa realmente permanece, se alguma coisa é verdade neste mundo, é o tremendo amor e atração que as meninas sentem pelo charmoso canalha. Em muitos casos este amor pelo charmoso canalha não se materializa totalmente em suas vidas, elas se deixam levar por uma racionalização excessiva, questionando e finalmente descartando este amor natural, mas esse sempre foi o caminho que deveria ter sido tomado.

Casamento e família.

Por uma vez, vou ser benevolente e estar ao lado deles. Aqui no casamento, geralmente é culpa do homem o fato de não dar certo. Elas estão preparadas para formalizar, unir, unir, unir, formar uma família e lutar por isso. Isto acontece porque leva muitos, muitos anos para criar uma criança, para alimentá-la e cuidar dela. É por isso que elas dedicam décadas de suas vidas a este papel de mães.

Para os homens, foder é algo externo, uma foda que é colocada. Mas não carregaremos a criança dentro de nós e não sentiremos um laço tão forte como o que existe entre mãe e filho, que na realidade são praticamente a mesma coisa. A mãe, pelo bem de seus filhos, porque ela quer dar a eles uma família estável, vai tolerar qualquer coisa. O pai não sentirá esta necessidade de suportar tão fortemente. A mulher às vezes suportará situações desagradáveis que nunca devem ser toleradas, tais como abuso ou infidelidade constante. Aqui as mulheres são auto-sacrificial e vão se sacrificar pelo bem da família. Elas vão aturar os homens maus, planejando interiormente o melhor momento para romper com eles.

Os homens não estão preparados para o casamento, nem para a fidelidade, pois são construções mentais inventadas para preservar a família. O estado natural do homem é o eterno desejo de copular. Isto vem de tempos primitivos e é assim que fomos projetados pela natureza, o que nos deu aos homens um desejo sexual maior. Isto nos leva a dormir com quase todas as pessoas que vêm ao nosso encontro, ao mesmo tempo

COMPREENDENDO AS MULHERES

em que as torna protetoras de sua família e menos propensas ao frenesi sexual se não sentirem um apego amoroso.

Não os homens, os homens podem ter sexo sem amor, mas as mulheres precisam ter amor e sexo juntos, para que tenham uma chance maior de não serem abandonadas pelos homens.

Este tem sido o caso desde os tempos primitivos e está na genética. Atualmente estes papéis familiares mudaram bastante, com as mulheres não precisam mais de um homem para cuidar de seus filhos, nem precisam se casar para começar uma família. Nem precisam ter sexo e amor juntos. Mas a dinâmica tradicional domina ainda mais, uma vez que elas vêm desempenhando seu papel de mães há milhões de anos, em comparação com algumas décadas de libertação sexual. Acima de tudo, a dinâmica tradicional domina no caso da formação de uma família, ou de um relacionamento sério. A libertação sexual existe em outras etapas, mas não nesta.

Seu verdadeiro amor. O homem. O verdadeiro homem que sempre deveria ter estado lá e a quem elas empurraram.

Você está para sempre na mente delas. Este retorno quase nunca se materializa e vidas inteiras se perdem fazendo exatamente o oposto do que elas queriam fazer.

A culpa por este drama está na pressão para formalizar e formar uma família, mas também em seus instintos maternos e em seu caráter frio e calculista. Um caráter que elas desenvolveram em tempos primitivos através de milhões de anos de submissão à força do homem. Elas foram criadas desta maneira e não é culpa delas. Elas aprenderam a não pensar em si mesmas, a pensar na própria espécie. Aprenderam a planejar, a influenciar pela astúcia, a implantar suas idéias em outros, a sobreviver pela estratégia, pela ação indireta, pelo charme, pelo carisma. Se fossem deixados à sua própria sorte e pudessem estar livres dessas pressões e esquemas mentais, elas nunca nos abandonariam, porque somos o povo de seus sonhos. Lutamos contra milênios de uso estratégico de suas mentes.

20   JOHN DANEN

Gostam do menino mau por diversão, mas não o vêem útil para criar crianças, então escolhem o menino bom para isso, elas se sacrificam. Depois o deixam e voltam a procurar o mau da fita. Ou pelo menos menos menos uma menos suave do que a que tinham.

Aqueles que são corajosos e escolhem o menino mau (10%) estão muito felizes com ele e fazem vista grossa para suas constantes escapadelas. As crianças assim saem, não sem pai, mas com menos pai. Elas acabam por tomá-lo como certo e perdoam-lhe tudo, aceitando-o como ele é. Alguns ficam fartos de muitas infidelidades. Seu plano e desejo é tranquilizá-lo para que ele gradualmente se acostume a ser um garoto mais formal. Alguns conseguem, quase todos falham.

O casamento é uma invenção que procura conter o homem em seu impulso de espalhar seu sêmen por toda parte, para que ele se concentre em seus filhos e sua esposa. Como todas as construções artificiais, está condenado ao fracasso, pois é preciso ser um homem muito apaixonado e muito bem-humorado, para resistir às tentações que existirão ao longo da vida de casado.

Se pelo menos o casamento reter o homem por tempo suficiente para que os filhos cresçam, então esta construção artificial terá tido sucesso e tudo voltará à ordem natural; o homem foderá tantas mulheres quanto puder e a mulher terá criado sua família, que é o que a natureza pretendeu no final. Em seguida, ela também irá ao mercado para se divertir sem tanta responsabilidade.

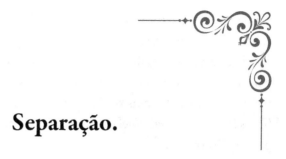

Separação.

O casamento é frequentemente danificado e os últimos anos são uma miséria para ambos os parceiros, não há sexo no casal e muitas vezes nem mesmo fidelidade. Outras vezes a esposa está aturando e aturando as crianças e é o marido quem faz as piores coisas. A mulher se sacrifica por sua família, às vezes tolerando a infidelidade, avaliando estrategicamente a conveniência de se separar e tentando colocar o casamento de volta nos trilhos, mas eventualmente ele se rompe.

A ruptura pode ou não ser traumática. Quanto mais tempo o casamento tiver sido rompido, mais fácil será romper oficialmente através do divórcio. A mulher passará por um curto período de luto, ou seja, um período de tempo durante o qual precisa estar sozinha e não entrar em outro relacionamento ou sexo. Este luto pode durar entre uma semana para as mulheres mais ansiosas para voltar ao mercado, e três anos para as mulheres mais afetadas pelo rompimento deste casamento.

No caso dos homens, nosso luto dura até conseguirmos nossa primeira ereção, depois não podemos mais aguentar e temos que sair e procurar uma nova mulher. Alguns podem ser afetados, é verdade, mas no campo sexual mesmo os mais afetados voltarão ao mercado para procurar sexo. A afetação vai para dentro, no coração, nos sentimentos, nunca na pila.

Normalmente leva quatro meses para as mulheres entristecerem-se. Chega um momento em que elas decidem voltar ao mercado e não há como voltar atrás. Há incontáveis candidatos. Tão logo elas vão com o primeiro, elas acham tudo maravilhoso, inclusive sexo, e normalmente entram em um frenesi sexual.

Se seus filhos têm menos de 15 anos, então elas procurarão um novo pai para ajudá-los a criá-los e serem formais. Se você os pegar neste ponto, não vai durar muito, pois você não é o que elas estão procurando. Se seus filhos forem mais velhos, elas também procurarão homem mais sedutores para se divertirem.

Os homens podem ficar tristes e amargos por muitos anos, alguns deles até para o resto de suas vidas, isso pode acontecer com elas também, mas acho que elas superam isso melhor.

É por isso que elas se casam com homens comprometidos, capazes de sustentar sua futura família, e não com patifes sedutores. Estes são tempos ruins para o produtor sexual, que está pegando muito poucas mulheres na faixa etária de 30-39 anos, quando o relógio biológico está correndo. O produtor sexual espera por seu momento, que virá na próxima etapa. Na fase em que já se separaram de seus meninos formais.

Após a separação, será um bom momento para nós, pois a família já está formada. Elas não nos fizeram passar por esse trabalho.

Assim, uma vez que todas as coisas formais estejam feitas e toda a família se tenha materializado, nossa garota começará a fazer o que ela realmente quer fazer, que normalmente é festejar e fazer sexo. Ela passou alguns anos levando uma vida familiar que era mais chata do que qualquer outra coisa, com um enorme fracasso sexual.

Não há idade para isso, porque cada um vai em seu próprio ritmo. Aqueles que começam o mais cedo, saem da vida formal. Elas aparecem no mercado aos 35 anos de idade com quase crianças adolescentes. Livre e pronto para conhecer homens interessantes. Outros esperam até os 45 anos para se libertarem deste casamento que os fez ter uma família, mas em muitos casos aborrecidos e escravizados com as tarefas domésticas e os cuidados infantis.

Sobre se elas tiram dinheiro, casa e crianças, prefiro não falar, porque quero fazer um livro positivo e não incentivar o ressentimento.

COMPREENDENDO AS MULHERES

Frenesi erótico.

Uma vez livre da família e do casamento, a garota geralmente vivenciará todas as aventuras que não vivenciou em sua etapa anterior.

Nesta fase final do casamento quase não há sexo, pelo menos nos últimos anos, e as mulheres sofrem uma enorme falta nesta área. O casamento está indo mal e o sexo é a primeira coisa que sofre. Elas também passam por momentos difíceis. Libertar os dois é uma grande vitória, pelo menos no campo sexual e pessoal. Ambos são liberados e sua liberdade não está mais restrita.

Assim, a garota sexualmente liberada após o casamento fará coisas ousadas como ser fodida no traseiro, ter esperma no rosto ou ter trios. Em resumo, ela dormirá com muitos homens. Ela fará isso com muita freqüência, e fará poucas exigências em termos de formalidade. Na verdade, nenhuma.

Esta é a etapa pela qual nós, produtores sexuais, estamos sempre ansiosos. É quando temos que dar-lhes o nosso.

O objetivo destas meninas quando estão na cama com um homem novo, é mostrar todo o seu poder sexual e estourar sua mente. Assim elas farão coisas que nunca fizeram com seu marido em 20 anos, em apenas duas horas com um homem novo.

De volta à formalidade.

Após vários anos de brincadeiras, anos maravilhosos para ela e para nós, a garota acabará se cansando de tanto sexo e tanta promiscuidade e pouco a pouco voltará aos caminhos da formalidade. Ela vai procurar novamente um namorado formal, desta vez com a intenção de passar o resto de sua vida com ele. Isto acontece por volta dos 45 anos de idade, embora a idade seja muito variável. O que vai acontecer é que não será fácil para ela encontrar este namorado, pois ela já terá caído numa dinâmica de encontrar um, de dormir com ele, de tentar ver como é, deixando-o por alguma razão tola, pois elas se tornam muito exigentes, tentando outro e assim por diante indefinidamente até que ela acerte.

Ela terá que dormir com muitos malandros para encontrar alguém que realmente se adapte ao que ela quer, ou seja, que queira ser amarrada novamente, o que é muito difícil de fazer, já que elas já tiveram o suficiente de relacionamentos sérios.

Portanto, aqui as meninas ainda estão no turbilhão sexual, apesar delas mesmas, um turbilhão de tentar encontrar um namorado.

Elas começam a falhar porque não são mais tão bonitos e atraentes como costumavam ser e tudo o que recebem é sexo. O que não é o que elas querem.

Para nós ainda é um ótimo momento, porque se parecermos um pouco formais, podemos transar facilmente.

A mulher que começou a dominar completamente está agora um pouco à mercê da sorte e das circunstâncias. Ela não tem mais controle total sobre a situação. Os homens também desenvolveram gradualmente

COMPREENDENDO AS MULHERES

suas armas sedutoras e sabem como enganar muito bem até agora. Os homens também estão cansados das formalidades da besteira, e muitos nem sequer passam pelas moções de parecer formal o suficiente para ter sexo. Muitos outros mentem com seus dentes, fazem sexo e desaparecem. Portanto, as mulheres nesta fase estão perdendo no jogo do amor, ou pelo menos não estão ganhando com a mesma freqüência ou com o mesmo poder. Há alguns que estão quase constantemente nesta fase de busca de formalidade, sem passar pelo turbilhão. A maioria deles mente sobre isso, dizendo que não dormiu com rapazes suficientes, quando passaram pelo redemoinho.

Há também meninas macias que estão procurando um namorado a todo custo. Essas meninas são praticamente enganadas, abusadas por homens maus. Tudo o que elas fazem é serem fodidos por muitos deles e nunca encontrar o namorado dos seus sonhos. Elas também fazem algumas coisas rudes e pagam caro por isso.

Muitos criticam que, nesta fase, as meninas não se formalizam mais. Que bobagem, é um direito delas.

Dos que mentem para fazer luz desta etapa, aquele que mais mente é o que mais tem fodido. Ela mente por causa do machismo, por causa da pressão social que vê isso como errado. É claro que ela vai se meter com os malandros encantadores.

Não vou ser um daqueles que os criticam por foder, elas têm o direito de fazer o que quiserem e se quiserem voltar a ser formais depois de terem sido selvagens à noite e festejados, então deixe-os fazer isso, qual é o problema? Agora, quem vai com elas tem o direito de conhecer a vida que tinham antes.

O importante é aproveitá-la. Alguns deles não escondem muito e não se importam com o que as pessoas dizem. Estas são as boas feministas de que falarei no final deste livro. Elas não fingem ser excessivamente formais, porque já estão por perto há muito tempo e não se importam com nada. Elas são boas garotas.

A feliz queda da mulher.

As mulheres são muito inseguras. Por incrível que pareça, meninas bonitas não têm autoconfiança e às vezes duvidam de sua beleza. Elas camuflarão esta insegurança comprando produtos sem fim. Elas serão consumidores excepcionais de produtos de beleza, porque o que uma mulher mais teme é perder sua beleza. Perder sua beleza matará sua capacidade de influenciar e com isso seu poder.

As mulheres são viciadas no poder, por isso adoram comandar, repreender, repreender e criticar tudo o que não é feito como elas dizem. Além disso, elas sabem que seu reinado é curto. Elas atingem alguns picos muito altos e depois a queda é longa e terrível. No caso deles, atingem um nível muito maior de perda de beleza do que os homens. Homens que às vezes não apenas não perdem seu valor, mas também se tornam mais valiosos em sua maturidade.

De todas as belas amigas que existiam aos 17 anos, aos 35 só restou metade, as outras ou engordaram ou foram negligenciadas, mas aos 50 só resta uma em cada dez, e aos 60 uma em cada 100. É por isso que, acima de tudo, a mulher comum fará o que for preciso para prolongar sua beleza, geralmente realizando ações que escondem e mascaram, mas não resolvem o problema. As ações verdadeiramente eficazes, como dieta, ioga, exercícios, etc., serão realizadas apenas por uma minoria, aqueles que realmente se preocupam com seu corpo e beleza. Esta escolha é muito difícil e as massas optam por maquiagem, rímel e roupas. Portanto, seu fracasso será imparável e total.

COMPREENDENDO AS MULHERES

Não estou dizendo isto como uma crítica a elas, mas como um fato que acredito ser real. Se ao menos todos nós pudéssemos permanecer jovens para sempre! Nós, homens, também caímos, mas menos.

A natureza, penso eu, os tratou pior que os homens, pois sua beleza é mais fugaz e, após o grande brilho, a escuridão é maior.

O ditador que toda garota bonita carrega dentro dela morrerá, se sua beleza morrer. Muitas estão tão viciados neste poder que não serão capazes de assimilá-lo perdendo-o, elas se apegarão a ele enquanto puderem.

Este impulso pela beleza não vem inteiramente deles, a própria sociedade os pressiona a serem bonitos, julgando-os de forma bastante dura se não o forem. E entre esta pressão e o poder de ser bela, elas se tornarão viciadas em beleza.

A mulher viciada no poder da beleza, quando o poder da beleza diminui, tentará estender e alongar este poder um pouco mais. Ela tentará agarrar os últimos vestígios de seu poder. Quando a beleza diminuir, ela continuará a ser poderosa, melhorando sua sexualidade, às vezes se comportando de maneira fácil a fim de continuar a dominar e manipular os homens. Nem todas as mulheres são assim, há muitas que simplesmente envelhecem e aceitam isso, estou falando das mulheres mais superficiais, aquelas que não toleram o envelhecimento ou serem relegadas ao esquecimento por meninas mais jovens e bonitas.

Essas mulheres jogam a carta do sexo e assim conseguem influenciar os homens por mais alguns anos. Isto durará até que se tornem verdadeiramente hediondos e ninguém queira sequer dormir com elas. Este ponto chega em uma idade tão avançada que é quase até que elas sejam quase velhas que não deixam de influenciar poderosamente os homens.

Nesta etapa final, elas se tornam sábias e realmente vivem o que querem viver, sem pressões tão grandes de sexo por parte dos homens. Algumas encontram aqui o verdadeiro amor. Elas também têm a liberação de nem sempre terem que ser os mais belos. Quase todas elas vivem vidas mais felizes, exceto algumas mulheres amargas obcecadas pela idade e beleza.

Acho que estas são as etapas pelas quais as mulheres passam.

- Inocência. 0-12
- Consciência de seu poder. 12-15
- Mais ou menos jovens inocentes. 16-25
- Pressão para casar e começar uma família 26-35
- Casamento e família. É muito variável, entre 20 e 45 em algum momento elas são assim, com a família, fora do mercado, geralmente a década inteira dos anos 30.
- Separação.
- Frenesi sexual. 35-45 aproximadamente, isto depende de cada caso.
- Voltar à formalidade. 40-60.
- Feliz queda. 61 em diante.

Peculiaridades e comportamentos

A abundância de homens.

Esta é uma realidade que tem uma influência decisiva em seu comportamento. Há muitos homens. No entanto, há poucos homens realmente interessantes. Elas têm que andar por aí procurando possíveis candidatos como se estivessem em um mercado de pulgas. Há homem no atacado, em quantidades industriais. É por isso que aqueles que são realmente interessantes são cobiçados por elas e não entram no jogo normal, são elas que estão procurando por eles.

Elas não se preocupam muito em ter um homem, isso é certo, porque elas têm cerca de 600 homens atrás delas. Isso é uma média, alguns têm um bilhão, e o mais feio pode ter uns dez ou mais que querem estar com ela. Desta abundância vem sua falta de preocupação com sexo e amor. Elas se preocupam um pouco com o amor, mas como têm tantos, é apenas uma questão de fazer uma boa seleção de homens que pareçam apropriados para o que elas querem. Destes, elas escolhem um. Muitas vezes aquele que presta menos atenção a elas, ou aquele que está fazendo muito pouco esforço para conquistá-los. Isto lhes dá a imagem de que ele tem grande valor no mercado, que ele pode ir com outras que são melhores do que elas. Esta é a pessoa a quem são dadas instalações ou a quem são oferecidas diretamente. O vencedor.

Não temos essa quantidade enorme de opções e temos que nos contentar com o que vem em nosso caminho, que é infinitamente menor, isto é, ou tentar ser o vencedor.

Alguns os escolherão para se divertir enquanto as etapas loucas estão acontecendo, mas quando tiverem vontade de conseguir um namorado

COMPREENDENDO AS MULHERES 31

formal, muito poucos terão coragem de arriscar com o charmoso menino mau, porque podem estar em um grande choque. Alguns ousam e se viciam neste homem. Isto prejudicará totalmente todas as suas relações futuras, já que nenhuma delas será uma merda em comparação com o sedutor encantador, sem vergonha, malandro e duro.

Muitas vezes elas se tornam suas amantes por anos e anos, sem nunca conseguirem se libertar deste homem, que lhes dá muito desagrado, mas também muita diversão.

Outros, fazendo muito esforço mental para serem frios e desapegados, sacrificarão a festa alegre e o sexo maravilhoso que o sedutor poderia lhes dar, e levarão um homem quieto para criar uma família, sabendo que ele é mais controlável e confiável.

Elas são frias e duras porque têm muitos homens atrás delas em quase todos os momentos de suas vidas, mesmo na ala geriátrica elas têm pretendentes. Amorosamente, ser mulher é uma mercadoria rara. Tudo o que elas fazem no campo do amor tem que ser dividido por 600, porque é 600 vezes mais fácil para elas flertar do que para nós.

Quem as deixa loucas?

O sedutor de nível master é muito procurado. É o contrário dos normais, que são todos prejudicados e têm que trabalhar muito para isso. O mestre recebe grandes facilidades, e elas até fazem um esforço para conhecê-lo. Uma vez que o conhecem, elas dormem imediatamente com ele, porque querem prendê-lo rapidamente. Elas usam todo o seu poder para atraí-lo e mantê-lo.

É por isso que um homem que vai atrás delas nunca será um sedutor, são elas que vêm atrás dele. Ele poderá entrar neles para conhecê-las, quase sempre sendo convidado através de um olhar insistente delas. O sedutor flui e concede. Uma vez que ele se atirou a ela, ele pensa mais na próxima do que nela. Ele não se compromete e não quer, nem deve, retardar sua produção de mulheres conquistadas, pois parar com uma lhe traz mais mal do que bem.

Daí os imensos currículos que os sedutores acumulam. É fácil criticar, mas você tem que estar no lugar do produtor do sexo. Você estaria com uma formal quando tem mais 7 querendo foder você vivo? Você estaria com uma namorada, se a cada poucas noites você fode uma nova boazona, que lhe traz um monte de coisas?

O condutor sexual é o mais poderoso dos homens, muito acima dos ricos e influentes. Somente celebridades têm tal poder, mas não têm a habilidade, nem o atrativo. O condutor sexual é também o mais merecedor de todos. A conduta sexual será sempre o máximo de tudo e de todos. A tal.

Se uma mulher consegue manter um condutor sexual dentro dela, ela saberá que é uma grande vitória e que ela levou o melhor. É por isso que ela será mimada com suas infidelidades, sabendo que não há outra como você.

Isto não é uma peculiaridade ou uma tendência, é uma lei universal que se cumpre em todos os tempos e lugares e que está em vigor desde a a aurora da humanidade. No passado, existiam outros protótipos de homens cobiçados pelas mulheres, tais como o homem forte, o hábil com armas, o melhor caçador, etc. (ver livro atrai mulheres com masculinidade), mas hoje, o mundo é nosso.

Como Al Pacino disse em "Pacto com o Diabo" sobre o domínio do diabo no século 20, eu digo que o século 21 foi, é e será todo nosso. O século dos educadores sexuais.

EMOÇÃO E RACIOCÍNIO.

As mulheres têm um comportamento peculiar quando se trata de suas emoções e raciocínios. Se uma pessoa os excita enormemente, os fascina, ou é exatamente o que elas querem, então elas sentem algo muito forte. É algo que elas sentem por dentro, algo que sentem que têm esperado por toda a vida. Sentem que têm que se entregar a essa pessoa. A emoção se apodera delas, enlouquecem e vão em frente, com tudo.

É assim que surge o fenômeno das fãs e das mulheres que perdem o cu por um homem. Quando as mulheres o vêem, ficam loucas. Não precisam nem mesmo falar com ele, ou pelo menos não precisam mais do que alguns segundos interagindo com ele em muitos casos, para saber que ele é "o homem", aquele que esperaram por toda a vida. O consideram imediatamente o homem perfeito, lutam literalmente para dormir com ele o mais rápido possível.

Este fenômeno acontece muito raramente e é difícil ver, ou fazer com que aconteça com você, mas acontece. Quando isso acontece, contradizem totalmente todos os seus valores e quebram tudo o que sempre disseram que nunca fariam. Elas se surpreendem, mas eu não me surpreendo, porque as conheço melhor do que elas mesmas. Quando ele aparece, elas não jogam mais o prêmio, nem criam dificuldades. Tudo isso se enquadra no poder esmagador do homem que consideram perfeito. Quando o vêem, sucumbem absolutamente.

99% do tempo ele já está pré-selecionado sem falar e sem nada, só por vê-lo. É o maior poder de sedução, um poder que só os grandes homens bonitos e mestres da sedução possuem. Um poder que só vem à tona em raras ocasiões. Você se comporta da mesma maneira, é algo que vem deles. Este poder é incrementado e aumentado pela fama.

Se você é famoso, elas o vêem muito, então você está na mente delas por muito mais tempo, o vêem como mais atraente porque você é familiar e conhecido. Além disso, se você for famoso, é muito mais fácil que este fenômeno aconteça, embora não seja essencial que seja famoso para que este fenômeno aconteça. É uma coisa muito poderosa, honestamente.

Se gostam da pessoa mas não estão entusiasmados com ele, este componente emocional muito forte que as condiciona totalmente não é despertado. Então elas caem sob a influência do raciocínio mais exaustivo, meticuloso e matemático. Se o homem perfeito, o charmoso canalha muito atraente e terrivelmente carismático não aparece, então selecionam entre os muitos outros candidatos. Selecionam racionalmente aquele que melhor se adapta à sua conveniência e interesses. Este modus operandi racional funciona em 99,9% das interações.

É por isso que os sedutores são pessoas que trabalham com as emoções das mulheres. Eles as fazem estar sempre em um estado emocional. Se não são eles mesmos que despertam essas emoções, por seu físico, por sua fama ou por sua linguagem corporal, então será a interação deles com elas que será sua arma mais poderosa.

O sedutor faz com que experimentem grandes emoções. Emoções positivas de alegria e diversão, ele também faz seus corações correrem

COMPREENDENDO AS MULHERES 35

fazendo com elas coisas excitantes, algo perigosas ou assustadoras. Desta forma, ele as faz apaixonarem-se muitas vezes.

O sedutor terá as mulheres em um estado emocional, fazendo com elas atividades de risco, com tais atividades ele as faz secretar os mesmos hormônios que elas secretam quando estão apaixonadas. Elas vão notar isso e associá-lo a ele. O condutor sexual incentiva a diversão, a dança, o riso, em suma, ele sempre faz prevalecer o componente emocional.

Se o condutor sexual solta as emoções que ele as faz sentir, as meninas se racionalizarão, ele será friamente avaliado, e muito possivelmente descartado, porque há outros que são mais comprometidos, e que são mais adequados para formar uma família, ou para um relacionamento formal.

Quando se trata de compras, é mais difícil para a emoção governar, porque aqui o componente racional domina e pesa muito em sua tomada de decisão.

O consumismo.

Um dos comportamentos mais comuns que você encontrará nas meninas é sua tendência ao consumismo exagerado, especialmente em roupas e produtos de beleza. Vamos quebrar as razões para este consumismo.

A razão mais importante para este consumismo exagerado é seu forte desejo de se destacar de outras meninas, para que elas procurem roupas, maquiagem, acessórios, jóias ou qualquer coisa que pensem que realce sua beleza. Tudo isso vem de uma forte dúvida sobre si mesmo. Em vez de cultivar sua atração interior, sua personalidade, seu carisma, se dedicam a embrulhar seu exterior com coisas bonitas. Coisas que muitas vezes nem notamos.

Isto é um grande erro, porque para nós, como para elas, o que gostamos não é da roupa que usam, mas de sua personalidade atraente. Sua capacidade de falar, mover-se e comportar-se de uma forma atraente. Isto é cultivado por apenas alguns, e elas têm uma enorme vantagem sobre os outros. Todos aqueles que estudam sua aparência, suas poses, seus gestos, têm uma vantagem muito superior sobre aqueles que não o fazem, e que simplesmente compram roupas, para ver se conseguem se tornar irresistíveis. A atratividade vem de dentro, não de fora, e quase nenhum deles vê isso.

Mas há algo mais que os faz comprar em quantidades industriais, nada os convence completamente. Elas pensam que há sempre algo novo e melhor que não têm. Elas são viciadas em marcas e imagem, sua superficialidade é monstruosa. Gastam uma boa parte do que ganham em todos os tipos de acessórios, e em quantidades exorbitantes. Algumas têm cem calças, 50 saias e 60 pares de sapatos diferentes, quando um homem normal tem dois ou três de cada e tem o suficiente, ou no máximo pode ter dez de cada.

Eu não dou muita importância às roupas e tenho muito poucas roupas. Além disso, eu nunca mudo meu estilo, quer elas gostem ou não. Este excesso de roupas explode os guarda-roupas, faz com que as roupas passem pelo telhado em algumas casas rasas de mulheres.

Se você viver com uma mulher, ela preencherá cada espaço com suas roupas e você não poderá encontrar nenhuma das suas, pois serão enterradas sob toneladas de suas roupas. Quatro ou cinco guarda-roupas não são suficientes para elas e, no final, a coisa mais sensata a fazer é expulsá-los de sua casa e deixá-los ir para a deles. Ali pelo menos uma sala estará totalmente inundada de roupas, e inutilizável para uso normal. Os armários estouram, as roupas inundam os depósitos, os banheiros e às vezes até a sala de estar. Nunca jogam nada fora, guardam tudo, caso um dia o usem, mesmo que não o usem há quinze anos.

Um de seus grandes hobbies é fazer compras, compras, compras, compras, compras e compras sem sentido, medida ou necessidade. É assim que preenchem seu tempo. Sempre têm dúvidas sobre o que vestir e não se sentem bem em nenhum deles. Estas dúvidas e inseguranças os acompanham em muitas outras facetas.

Sua obsessão por barganhas e por encontrar o melhor preço também é muito exagerada, por isso, elas vão checar todas as lojas uma e outra

COMPREENDENDO AS MULHERES

vez, procurando aquele grande negócio que as fará felizes. Para comprar uma peça de vestuário podem passar semanas de pesquisa, até encontrar exatamente o que estão procurando, ao preço que estão procurando. Perseveram e perseveram com enorme esforço neste campo. Aqui realmente fazem um esforço, então no caso de um relacionamento, se não gostam muito do homem, não fazem nenhum esforço, mas quando se trata de compras, realmente fazem um esforço! Irão por toda a cidade e às vezes nem chegam à sua própria cidade, mas têm que ir a outras cidades para encontrar melhores negócios, sem perceber que estão gastando mais em transporte do que a economia que conseguirão com o preço mais baixo naquele outro lugar. É tudo um absurdo, mas é assim que elas são felizes. Gostam de fazer compras.

Cultura.

Elas não pensam em questões científicas ou culturais, nada disso, não ligam para nada. Nenhuma descoberta, nenhum fato do passado, nenhum avanço científico os chama para investigar. Isso não lhes convém. Não sei por que razão estranha, que para mim as faz perder muita atração, se dedicam exclusivamente às compras.

Então elas não falam sobre nada, porque não sabem nada sobre nada, só sabem sobre roupas, e assim pode haver pouca comunicação. Não lhes peço que sejam eruditos e me falem dos filósofos da Grécia antiga, mas de vez em quando eu gostaria de ouvir algo cultural saindo da boca de uma mulher, algo que em meus quase 40 anos de interação amorosa com elas, nunca ouvi, e acho que vou morrer assim, sem ter ouvido uma única palavra sobre filosofia, ciência ou tecnologia. O que vamos fazer a respeito!

E elas estudam assuntos culturais, mas você nunca os ouvirá falar sobre nenhum deles, mas isso não é uma falha muito grande, porque em geral é aborrecido falar sobre esses assuntos e eles não são nada apropriados para sedução, nem para se divertir. Você não deveria criá-los e elas também não deveriam criá-los, mas se de vez em quando você pudesse ver que elas sabem algo sobre isso, eu gostaria.

Tecnologia.

Elas não estão nada interessadas na ciência. Não sabem nada sobre astronáutica, astronomia, foguetes, aviões, motores, avanços tecnológicos. Não sei, não sei por que isso acontece, mas acho que elas se concentram nas pessoas, não nas coisas. Cuidam dos doentes, dos idosos, interagem com as pessoas ou trabalham como auxiliares de loja, enquanto eu acho que interagir com objetos ou máquinas não é do seu agrado; é por isso que elas não sabem muito sobre esses assuntos, porque não se importam com elas. Também não é uma falha grave.

Quando se trata de carros, sua ignorância é absoluta e suas decisões são terríveis. Tendem a comprar carros pequenos com pouco motor, acreditando que são mais seguros porque funcionam menos, sem perceber que precisamente porque funcionam menos, são mais inseguros, pois não se pode ultrapassar corretamente, e que, no caso de um acidente, isto não protege você por merda nenhuma. Em resumo, elas também não se importam com os carros.

Se você compra um carro esportivo acreditando que desta forma você vai atraí-los você está muito errado, elas não têm a menor idéia do que ele faz, do que custa, ou do que funciona, e a única coisa que elas vão fazer é criticá-lo, dizendo que o carro é suficiente para levá-los lá e de volta. Se corre mais ou menos não importa para elas, assusta-os que corra e elas não deixarão que você o faça com elas dentro dele. Elas vão vê-lo como um homem que se gaba de coisas sem importância, que vai se exibir, gabando-se de um carro que elas não vão valorizar em nada, pelo contrário.

Quanto mais comum e monótono for o carro, mais elas gostam dele. Elas também não ousam dirigir carros potentes, porque não se sentem seguros dirigindo-os. Algumas garotas mais jovens e aventureiras gostam de carros esportivos, graças a Deus, mas estão em minoria.

A outra infidelidade.

Há mulheres que são terrivelmente monótonas e, embora sejam muito boas, são mulheres a evitar, porque levam você para seu mundo de monotonia e tédio. Pouco a pouco elas restringem suas liberdades, grudando em você como doces quentes, e não deixam nem mesmo você respirar. Estas mulheres, que são tão bem intencionadas, te amam tanto que te oprimem. E elas não fazem isso por mal, mas são muito irritantes. Uma das coisas que elas tendem a fazer é querer estar com você todos os dias em casa assistindo documentários, filmes e coisas. Você os descarrega com toda sua ilusão e os coloca; depois de um tempo a pobre mulher cai meio adormecida, talvez porque ela não goste nada daquele documentário e o assiste para agradar, ou simplesmente porque ela está cansada de tanto trabalho. O fato é que o documentário coloca você para dormir e não lhe faz companhia.

Então ela está muito cansada para o sexo e também não o faz aqui, saindo de um dia para o outro, para o outro, para o outro e assim por diante indefinidamente, finalmente relutante em foder um dia por semana.

Bem, eu vou chamar isto de "a outra infidelidade". Apesar de não irem com outros homem, elas deixam de prestar atenção em você. Desta vez que você está com elas sem que elas lhe prestem atenção, mais o tempo em que elas estão ocupadas com trabalhos muito longos, elas não estão realmente com você e você não está se divertindo com elas. Você está em uma espera sem fim, apenas para ficar desapontado que quando elas estão fisicamente lá, elas estão exaustos.

Todo o tempo que elas estão dormindo, trabalhando, indo trabalhar ou cuidando de parentes, é tempo que elas não estão com você prestando atenção em você. O tempo que você está sozinho, às vezes você está sozinho sem elas e às vezes você está sozinho com elas, porque elas não prestam atenção em você e adormecem. Esta é outra infidelidade.

É por isso que estas mulheres, que são boas, não são aconselháveis por causa de sua monotonia e muito pouca capacidade de ilusão que elas geram. Elas o aborrecem e desperdiçam seu tempo.

Viajando com mulheres.

Isto é algo alegre e ao mesmo tempo bastante entediante, dependerá do comportamento deles se a viagem é boa ou ruim. Porque não esqueçamos que as compras serão suas próprias. Sua felicidade dependerá de que elas tenham piedade de você, vendo você sozinho, entediado e exausto, enquanto fazem compras, possuídos por seu frenesi de consumo imparável.

Dirigir até seu destino de férias também é um pouco entediante, pois elas o lembrarão constantemente dos limites de velocidade, dos perigos potenciais e o incitarão a diminuir a velocidade. Você tentará se divertir um pouco ouvindo música, mas elas também lhe dirão para recusá-la, pois isso os irrita.

Quem está lhe dizendo tudo isso é a boazona que você pegou há dez anos, aquela que era uma boazona e riu quando você acelerou. A que você fodia no mesmo carro e agora ela nem sequer fode em casa.

Quando ela entrar, estará o tempo todo criticando as coisas, dizendo que é sujo, ou que o rádio que você coloca e que você ama é pegajoso. É por isso que se você é uma criança de vinte e poucos anos, você deve saber que é apenas uma questão de dez ou quinze anos, no máximo, antes que sua bela e atraente garota se transforme em uma senhora pesada e insuportável. Uma senhora que o inibirá e o censurará até que você a deteste.

Vamos continuar com a viagem.

É melhor ir para o mato, para a natureza, para a praia, para aldeias muito pequenas, para rios e montanhas, para qualquer lugar onde não haja lojas. Se você for a uma cidade grande o suficiente com uma grande variedade de lojas, elas enlouquecerão. A viagem será completamente arruinada, pois elas serão possuídas por um frenesi de consumo imparável. Apesar de ver que você está cansado, entediado e farto de esperar por elas, exausto por suas compras intermináveis, elas não serão capazes de ajudar e continuarão a olhar para as lojas e compras.

Você ficará sozinho com um olhar amargo no rosto. O melhor que você pode fazer é ir ao bar e tomar uma cerveja, porque vai demorar muito tempo, é melhor ter 6. Após várias horas, sua esposa voltará com numerosas sacolas. Ela virá carregada com todos os tipos de roupas e artigos que são totalmente desnecessários, mas que foram de muito bom valor e uma pechincha.

Todas elas ficarão felizes, mas não perceberão que arruinaram seu tempo de férias. Em vez de estar com você se divertindo, elas o deixaram sozinho.

Não se iluda, se você for embora ficará sozinho, mas se ficar e aturar as compras intermináveis, ficará sozinho e amargo.

Outra infidelidade não é a infidelidade, mas a falta de empatia. Elas tentam evitá-lo, mas muitas vezes não conseguem. Elas voltam com um olhar de satisfação após uma tarde de compras e desperdício desnecessário. Elas vão estourar as malas, vão encher a capota do carro até a borda. Porque elas também carregarão uma quantidade infinita de roupas desnecessárias, das quais usarão apenas um máximo de vinte por cento, carregando o carro até a borda.

No caminho de volta elas encherão seus guarda-roupas e passarão dias experimentando seu infinito número de roupas.

Pelo menos as rotas, locais, hotéis e lugares a visitar, se elas permitirem que você os organize. Isto é o que há de positivo e o que o faz viajar com elas.

Se elas abusaram muito de você e lhe deram dificuldades com suas compras, não hesite em pedir-lhes sexo em compensação, elas lhe darão a você porque isso fere sua consciência.

COMPREENDENDO AS MULHERES

Leve-as para as montanhas!

A provocação como uma arma de influência.

Isto é algo que toda mulher que se considera atraente, em algum momento de sua vida, usa e abusa. Consiste em enfatizar fortemente sua atratividade a fim de influenciar os homens e obter coisas deles desta forma. Alguns o fazem apenas por diversão e provocação, para nos enervar, para nos pavonear diante de nós, negando a possibilidade de mais tarde estar com elas. Adoram a provocação, alguns procederão desta forma provocadora quando lhes convém.

Na maioria das vezes, esta provocação é usada para influenciar favoravelmente e para influenciar. Quanto mais difícil for conseguir o que elas querem, mais elas mostrarão seus encantos e charme aquele em que estão interessados. Uma vez que elas tenham conseguido o que queriam, esta provocação cessará até que elas precisem novamente de você para conseguir algo. Seus gestos provocadores são os seguintes:
- Mostrando as coxas.
- Mostrando clivagem.
- Pondo a língua de fora e umedecendo seus lábios.
- Morder seu lábio inferior.
- Amuado.
- Exibindo suas curvas.
- Mostre as palmas de suas mãos.
- Mostre seu pescoço.
- Aproxime-se.
- Toque mais.

COMPREENDENDO AS MULHERES

- Coloque suas mãos sobre os quadris.
- Enfatize o vagabundo.
- Brincando com um sapato pendurado no pé.
- Puxando seu cabelo para trás.
- Tocando seu cabelo.
- Escovar casualmente contra você.

Fazem tudo isso para que você caminhe atrás deles, cego para suas verdadeiras intenções. Você será balançado na esperança de dormir com elas e aceitar o que elas querem. Logo quando perceberem que você já está enfeitiçado, virão pedir-lhe um favor, ou fazer um pedido. Algo que pode ser difícil de fazer, perigoso, ou imoral. Mas com estas armas, elas o usarão muito tentados a fazê-lo, ou o farão. Então, se ela não quiser realmente dormir com você, o que seria normal, ela não dormirá com você, ela obterá as informações ou fará com que você faça o que ela quer e o deixará sem nada. Alguns deles até dormirão com você se virem que a provocação não é suficiente, fingirão um amor que não sentem e conseguirão o que querem desta forma.

No final você terá feito uma coisa baixa influenciada por ela, e sofrerá a indignação popular contra você por isso. Ela sairá incólume. Uma garota gostosa que sabe que é gostosa usará esta tremenda arma para atingir seus fins se outras mais sutis e bondosas falharem. Nem todos o fazem, é claro, apenas os muito maus que também são muito quentes e têm a coragem e o descaramento de fazê-lo. Eles são poucos, mas perigosos.

Dormir com homens jovens.

Outra atrevimento que alguns deles têm é que dormem com homem mais jovens para se justificarem. O portador padrão para tudo isso é a Madonna. Com esta ação elas estão desacreditando o homem maduro, considerando-o como não válido para o sexo, preferindo crianças inexperientes com pouca experiência para doutriná-las e fazê-las fazer o que elas querem.

Usam o poder físico desses jovens garotos para serem fodidos muitas vezes. Acho que alguns deles são deixados vazios depois de fodidos, porque não há homem de sua idade e experiência ao lado deles. Isto acontecerá se elas tiverem uma cabeça. Se são mulheres profundas, com carisma, não se apaixonarão por elas, apenas as usarão.

Não acredito que eles se apaixonem por elas, ou que possam gostar muito delas. Todas as que fazem isso são mulheres que enfatizam o físico sobre o intelectual. Elas serão muito bem fodidas, mas mais vazias e com mais tristeza dentro do que um homem suicida. Isto acontecerá na maioria dos casos, exceto se forem super frios e duros e tiverem banido completamente o amor, então elas estarão bem, poderosas, dominadoras e insensíveis.

O mesmo vale para os homens que vão com meninas excessivamente jovens, serão muito bonitas e muito atraentes, mas também lhes falta a experiência, cumplicidade e compreensão que vem com as de sua idade.

Como vivemos em um mundo muito superficial, isto é o que se procura e o que se vê bem. Algumas dessas relações podem correr bem, e é claro que fisicamente as jovens são melhores do que as de sua idade, por isso não vou criticar ao máximo.

Conheço um homem que só dorme com meninas 30 anos mais novas do que ele, todas elas interessadas em sua posição. E sim, elas são muito bonitas e estão ótimas. Um dia eu o vi com um e pensei comigo mesmo: este homem é realmente para ser elogiado ou para ter pena? Fiquei com uma forte dúvida. Ele é louvável quando se trata de foder, mas lamentável

COMPREENDENDO AS MULHERES 49

quando se trata de um relacionamento que o satisfaz, eu acho. De qualquer forma, se é bom assim, o que podemos dizer? Também é uma pena ir somente com meninas de sua idade que já são mais feias. Penso que uma alternância seria correta. Quando você tem mais de 50 anos, acho que uma jovem é boa, porque a rejuvenesce. É muito igual. Se predomina o superficial e o físico, os jovens, se predomina o espiritual e a personalidade, os mais velhos.

Se você as conquista para si mesmo e elas são meninas carismáticas, jovens e belas ao mesmo tempo, as jovens sem dúvida, mas se elas estão interessadas, surgem dúvidas e mal-estar. Talvez elas não sejam adequadas, porque elas vão realmente utilizá-lo.

Homens que vão com garotas interessadas e se apaixonam por elas fazem figura de parvos. Acontece que isso não acontece com tanta freqüência como acontece com elas, porque esses homens são cães velhos que deixaram para trás o absurdo do amor e só os querem por sexo, sabendo quem elas têm.

Pode haver meninas jovens carismáticas e desinteressadas e meninas velhas que não são carismáticas e interessadas, então meu veredicto final é que depende de cada caso se essas relações com os jovens são boas ou não.

Acredito que muitas vezes elas se apaixonam e se apaixonam fortemente. Se apaixonam por homens jovens interessados e frios, homens que agem como mulheres más e interessadas. As fodem muito bem, mas não os amam. Isso é o que é ridículo, estar apaixonada por homem que estão com elas por interesse. É por isso que vejo as meninas que vão com homens jovens e se apaixonam por elas como uma forma de se fazer de bobas.

Se alguns deles não se apaixonam por esses jovens e apenas os fodem, então, bem, que se fodam seus ovários! A maioria deles se apaixona, porque acham difícil diferenciar entre sexo e amor. Por todas estas razões, e para concluir, penso que nestas situações nós homens estamos em melhor situação.

A inveja.

As mulheres estão quase sempre no topo quando se trata de atração, elas não podem ir mais alto. Quando uma mulher está no mercado, ela sempre se veste e se torna o mais atraente possível. É por isso que quando você a vê em um dia normal você pode se surpreender, porque ela não está usando a maquiagem ou as roupas que a tornaram arrebatadora. Nem você está vestindo o bêbado que estava vestindo.

É difícil para as mulheres ir mais alto. Se alguém os ultrapassa, não tem como alcançá-los, a menos que faça enormes esforços com dieta, exercício ou cultivando carisma. É preciso muito esforço para que elas se aperfeiçoem ainda mais. Quase nenhum deles está disposto a fazer sacrifícios se já são bons como padrão, ou mais freqüentemente acontece que não são mais capazes de dar mais de si mesmos porque já fazem tudo ao máximo, dieta, exercício, ioga, pilates, ginástica, natação, meditação, não há mais nada que possam incorporar.

É por isso que elas têm tanta inveja, porque não podem dar mais do que podem dar, e mesmo com isso, não podem ter acesso a homens que outros podem. Se sentem vulneráveis e inferiores as outras. Assim, vão começar a criticar aquelas que são mais atraentes do que elas. Elas procurarão a menor falha nestas meninas bonitas, e a ampliarão como se fosse algo tremendo, quando é algo insignificante.

Quando saímos, nos vestimos muito, mas não tanto quanto elas. Não há muita diferença em nossa atratividade entre um dia normal e um dia em que saímos flertando, cuidamos bem de nós mesmos, mas não tanto quanto elas; é por isso que temos mais espaço para melhorar.

COMPREENDENDO AS MULHERES 51

Também estamos dispostos a cultivar nossas mentes para construir uma personalidade atraente, algo que quase nenhum deles faz.

É por isso que temos menos inveja, porque podemos nos modificar mais e também porque nem tudo em nós se baseia em nosso físico. A nossa se baseia fundamentalmente na personalidade. Elas baseiam tudo no físico, nenhum, ou quase nenhum, cultiva sua personalidade atraente.

É por isso que nós homens somos superiores em termos de potencial, porque com menos podemos fazer mais, porque mesmo sendo fisicamente inferiores, às vezes podemos conseguir meninas mais bonitas do que nós, devido à nossa personalidade atraente.

Temos mais armas do que nosso físico, temos espaço para melhorias, não nos deixamos levar por essa inveja que as corrói e as demeia. Somos mais nobres e melhores. Aqueles que sofrem de inveja são maus e conscientes de si mesmos, devemos fugir dessas mulheres invejosas.

Se uma mulher critica outra, ela está mostrando sua inferioridade e perdendo seu valor.

A competição entre elas.

Nenhuma mulher pode tolerar ser a segunda. Todos têm um ego imenso, todos querem ser os mais atraentes, todos querem que todos prestem atenção a elas, pelo menos aqueles de quem gostam. A mulher é uma grande manipuladora e mesmo que ela não goste de alguém, ela o influenciará apenas para se sentir poderosa, para afastá-lo do outro, para ser melhor do que sua amiga. Mesmo que ela não goste nada daquele homem, ela vai gostar de tê-lo atrás de si, simplesmente para dar a si mesma o prazer de tê-lo. Desta forma, ela provará que é a melhor e tirará a ilusão de sua amiga, que também é inimiga de sua amiga.

Quando se trata de casos de amor, não existe tal coisa como um amigo, elas se atiram com unhas e dentes no homem que gostam, sem a menor consideração por seus amigos. É a guerra. Como eu disse antes, diante de um homem normal elas podem ser totalmente frias e desprendidas, mas quando o homem atraente aparece, elas morrem por ele e fazem todo o possível para pegá-lo. Elas mentem, traem e pregam partidas em seus supostas amigas, tudo vale para ganhar.

Elas fazem isso porque sentem um desejo ancestral imparável quando aquele homem atraente aparece. Acham que ele é o único, aquele que deve conduzi-los ao altar. Sentem que devem lutar com todas as suas forças para pegá-lo.

Quando este homem aparece, a competitividade é evidente, mas não é necessário que ele apareça para que isso aconteça. Ao observá-lo, você verá mil e um detalhes para se levantar. elas vão querer estar acima de

COMPREENDENDO AS MULHERES 53

todas as suas amigas, pois estão constantemente em competição umas com as outras.

Se entramos em um grupo de meninas, e fomos apreciados por todas as meninas do grupo, é muito fácil para nós conquistarmos muitas delas. Isto já me aconteceu várias vezes, porque quando um deles conseguiu o que queria, o outro se aproxima de você e se acerta em você. elas fazem isso para ser mais do que a outra, para lhe tirar o triunfo. Portanto, se você se juntar a um grupo de amigos e for bem recebido lá, você deve saber que se fizer as coisas bem, você pode pegar todas as garotas do grupo, e se você disser "pegar", você quer dizer foda.

Indecisão.

Além de comprar uma quantidade ultrajante de roupas e acessórios, elas têm outra peculiaridade que os torna ainda menos interessantes. Esta peculiaridade é que não estão satisfeitas com as compras que fazem. Têm enormes dúvidas se o que compraram está certo ou errado. Demorarão anos para decidir e, uma vez que tenham decidido e comprado o produto, voltarão à mesma loja para tentar trocá-lo por outro, ou devolvê-lo, porque não é o que queriam. Graças a Deus, passaram cinco horas olhando para ele!

Quando vou comprar algo, olho para o produto e imediatamente sei se gosto dele. Eu o experimento e se me convém não olho para mais nada, não comparo nada, gosto dele e apenas o compro.

Elas não, elas hesitam e hesitam e hesitam e hesitam. É por isso que ir às compras com elas é algo realmente horrível que deve ser evitado o máximo possível se você quiser que seu relacionamento dure, porque o tédio que esta indecisão e atraso exagerado produzirá tornará seu dia amargo. Portanto, seja esperto e nunca os acompanhe.

Em outros campos, elas não hesitam tanto, quando gostam de alguém em um bilionésimo de segundo, são atraídos por ele. Aqui têm uma decisão e não hesitam entre Maximiliano ou Pepe, é Pepe e foda-se o outro. Aquele que não foi escolhido pode fazer o seu melhor, ele não chegará a lugar algum.

Ouça as mulheres.

As mulheres querem ser ouvidas, elas precisam ser ouvidas. O que você não precisa é engolir todas as besteiras que elas jogam em você, você só tem que concordar com os argumentos deles. As besteiras que elas vão lhe dizer normalmente serão muito consideráveis. Você terá que estar lá, aguentando toda a conversa deles, muitas vezes perdendo o fio do que estavam dizendo, mas fingindo prestar atenção. O que você terá que fazer é perceber qual é o ponto-chave do discurso deles e aderir a essa idéia.

Por exemplo, ela diz.

- Ontem eu estava na perfumaria, você não sabe como é engraçado o assistente da loja! Seu nome é Marta, ela é casada com Antonio, sim, aquela que trabalha no açougue do lado. Ela tem três filhos, um deles se parece com o filho de seu primo, ele se parece mesmo com ele.

Neste parágrafo, ela não disse nada de interesse, a única coisa que devemos ter em mente é que ela estava na perfumaria.

-Eu quero voltar à loja porque o assistente da loja me disse que estavam trazendo novas mercadorias hoje.

Aqui ela fala um pouco mais claramente e nos dá a chave para todo o seu discurso, "que ela quer voltar", esta é a chave. Esta frase esclarecedora pode ser abandonada em qualquer ponto de seu discurso soporífico, mas felizmente ela já saiu e podemos nos desligar um pouco do que se segue.

-Besides, eu gosto muito da garota, e ela me deu duas amostras de colônia quando comprei sua "Eau de roses". Esse perfume cheira tão bem, é novo, meu primo que mora em Madri também o recomendou para mim. Desculpe não ter comprado outro, estava à venda.

Neste momento, seu cérebro já está desligado, você não pode continuar prestando atenção em tudo, sua cabeça vai explodir. Você não disse absolutamente nada, absolutamente nada, nada de interesse, nada de misericórdia. Lá você está suportando a investida de suas palavras e frases, uma verborreia de dados sem qualquer importância ou transcendência para você. Ela não percebe que você não quer saber de nada do que ela está lhe dizendo. Ela tem que parecer que a escutamos e nos interessamos por suas coisas. Agora você já pode estar precisando muito de uma cerveja, ou de uma dose de uísque para animá-lo um pouco para que possa continuar a ouvir.

No final ela deu outra pista, "que ela quer comprar outra" você pode não ter ouvido isto porque está semiconsciente, ou pode ter pegado esta outra idéia que é importante. Ela continua seu discurso.

- É uma pena que a loja esteja tão longe, senão eu andaria lá agora mesmo, mas não tenho tempo, tenho que ir comprar tomates para a salada. Como foi seu dia, querida? Você teve muito trabalho? Estou exausto.

Aqui finalmente instila a última idéia: "Quero que você se ofereça para ir à loja e me traga o perfume". Se você foi capaz de eliminar o supérfluo e se ater ao principal, você terá entendido a mensagem. Você pode fazer o que ela quer e oferecer a si mesmo. Não estou dizendo que você sempre tem que fazer o que ela quer, mas algum dia para fazer parecer que nos preocupamos com ela.

Pelo menos ela teve a decência de nos fazer perguntas, embora não nos tenha dado tempo para responder a nada, ela apenas deixou as frases lá para se fazer bonita, não se importando como seu dia foi. Agora, se você não fizer exatamente o que ela quer, ela vai ficar com raiva.

Proponho pará-la e dizer-lhe: "Olhe, fale comigo claramente, pare com as besteiras, o que você quer? Seja um homem que se faz respeitar e faz com que ela se esforce para dizer as coisas claramente. Diga-lhe

COMPREENDENDO AS MULHERES 57

que você não está lá para servi-la o tempo todo. Se isso não o incomoda muito, então faça o que ela quer, mas faça-a perceber que ela não o está manipulando e que você não suporta todo o alarido. Se ela abusar de você, diga não!

Toda a verborreia que ela deixou sair se caracterizou por:
- Dizer coisas desnecessárias.
- Constantemente se afastando do assunto.
- Amplificação de dados desnecessários.
- Total falta de empatia com você.

Subtilmente deixando cair idéias como:
- Estou cansado.
- Há um produto que eu gosto.
- Eu quero ir à loja.
- Eu não tenho tempo.

O que ela está dizendo sem dizer é: "Quero que você se ofereça para ir até a loja para me trazer aquele produto". Mas você teve que engolir tudo o que eu coloquei de forma muito simplificada, mas poderia ser muito pior.

Lembro-me uma vez de uma garota com quem me encontrei passar duas horas inteiras falando comigo sobre os diferentes cachecóis que ela tinha. Que porra eu me importo com os cachecóis? Nem seus lenços nem nenhum outro, nem mesmo as roupas me interessam. Não aguentei mais e disse a ela para falar comigo sobre outra coisa, que eu não estava interessado nisso. Ela não gostou e foi por isso que a garota se perdeu. Mas o que diabos ela perdeu? Ela perdeu a oportunidade de ficar ali e ouvir suas intermináveis besteiras. Foi um alívio e uma melhoria.

Tente ficar aparentemente acordado acenando com a cabeça e decodificando o que ela estão dizendo. Tenha a idéia que ela estão implantando em sua cabeça.

Se elas não querem que você faça coisas por elas, elas querem que você endosse suas idéias. Se você lhes der novas idéias ou criticar o que fizeram, elas se sentirão mais inseguras e nervosas. Assim, elas passarão por todo o processo de compra novamente e ainda não terá terminado. Se elas acham que já têm uma solução para seu enorme problema, diga-lhes para comprar o que quer que seja e pará-lo imediatamente. Reafirme-os, diga-lhes - sim, sim, é muito bonito. É uma situação em que todos ganham. Até mesmo o lojista.

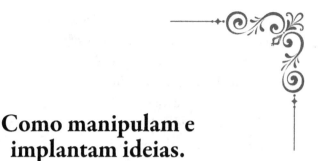

Como manipulam e implantam ideias.

As meninas não dizem diretamente - eu quero que você faça isso - elas abandonam a idéia para que você se ofereça para fazer isso. Pensam que é preciso ser inteligente e compreender sua linguagem corporal e sua sedução subliminar para agir. Se você não estiver totalmente atento à mensagem deles, você será repreendido.

Por exemplo, a menina quer que você vá até a loja e compre um vaso de flores. Mas o que ela vai fazer é o seguinte. Ela dirá.

-Essa planta está crescendo muito.

Ela vai esperar para ver se você entendeu a idéia. Se você não conseguir, ela dirá em outra ocasião.

-Este pote está ficando muito pequeno.

Se você também não o tiver, ela dirá em outra ocasião.

-Alguma coisa deve ser feita com esta planta.

Em nenhum momento ela disse o que realmente queria dizer, que é: "Quero que você vá até a loja e compre um pote maior". Elas não falam com clareza alguma, elas apenas expressam a frase que implica uma necessidade e esperam que você entenda o que elas realmente querem.

Você precisa entender como elas se comunicam. O que elas querem é influenciar sutilmente sem dar ordens, para implantar idéias em sua cabeça e fazer você acreditar que pensou em algo, quando na realidade o que você fez foi seguir as diretrizes do que elas queriam.

É assim que elas agem, se você não tiver a idéia, elas dirão que você é meio perspicaz ou/e que você não se importa com elas. Mas elas nunca se pronunciarão, elas seguirão esta técnica de expor idéias que implicam em uma necessidade de você mesmo se oferecer. Este domínio sobre você é uma grande vitória para elas, pois é assim que elas se sentem poderosas, sendo atendidos sem sequer pedir.

O que querem é que você vá atrás delas, que atenda às suas necessidades sem pedir. É assim que elas administram sutilmente o homem sem que ele se dê conta desta administração. Você vai pensar que pensou, mas foi uma idéia implantada.

Pensam que são celestiais.

É difícil para você ouvir as mulheres falarem sobre mijar, cagar, ranho, suar ou qualquer coisa que implique que elas são corpóreas e humanas. Pelo contrário, vai parecer que elas estão sempre limpos, que não cagam, nem mijam, nem cheiram mal, nem nada mais. Todo o seu asseio pessoal, que também leva um tempo infinito, será feito em segredo, de modo que elas pareçam não ter necessidades físicas. Isto lhes dá uma aura celestial como se fossem seres de luz, superiores aos homens que mijam, cagam e peidam.

Elas não querem, elas querem ser anjos, mas não são. Entenda também o comportamento deles. Mesmo que você não os veja fazendo nada disso, não os imagine como seres de luz, mas como pessoas normais com todas as suas necessidades.

Elas se acham mais espertas.

A costumadas a milhões de anos de homem sutilmente influenciador, elas pensam que podem lidar conosco como querem, e muitas vezes o fazem. Elas pensam isso porque dominam os fortes, sendo fisicamente fracas. Ao nos manipularem, elas se acham superiores a nós, elas se acham mais inteligentes.

Tenho ouvido dizer com freqüência que as mulheres são muito mais inteligentes que os homens, mas isso não é verdade. Deixe-os dizer a verdade, elas são mais astuciosas e mais manipuladoras. Quando se envolvem neste comportamento, elas também são mais malas, mas isso tem pouco a ver com inteligência, mas tem mais a ver com astúcia. Não lhes faça o discurso de que são mais espertos, porque não são.

Decodifique-as e entenda o que elas são. Às vezes exaltam um homem e o fazem acreditar que ele é o responsável, e o conseguem através de suas ações sibilinas e furtivas. Se elas quiserem te levantar e te capacitar, dirão o que você quer ouvir, que você é um grande, grande, grande homem. Assim como elas o levantam, elas podem derrubá-lo, criticando-o e colocando-o no chão, usando seus sentidos de observação bem afinados. Elas irão criticar e ampliar qualquer pequeno defeito que você possa ter. Você deve estar atento para não ser abusado. Desconfie se elas o elogiam demais, pois logo pedirão algo em troca de seus elogios.

Elas também pensam que são complexas e sofisticadas e é verdade que são, muito mais do que os homens. Somos muito claros sobre as coisas e temos uma capacidade de decisão muito maior. Quando queremos

COMPREENDENDO AS MULHERES   63

alguma coisa, vamos em busca dela! Nós não pensamos como elas. Chamam esta indecisão de "ser complexa", eu rio desta complexidade. O mundo precisa de pessoas que tomem decisões de forma eficiente e rápida. O mundo precisa de homens.

As fans.

Um fenômeno muito interessante que nos mostra como elas realmente são, é das fans. Estas mulheres ficam loucas por seus ídolos, gritam e até desmaiam.

De onde vem esta paixão e loucura? Isso vem do fato de todos elas terem selecionado seu ídolo como um homem ideal, como um homem fantástico e como um homem maravilhoso. Uma vez que ele tenha estado tão posicionado em suas mentes, elas deram tal status a este personagem que literalmente perderão seu traseiro por ele. Sem qualquer dignidade, elas farão o oposto do que fazem com homem normais. Elas irão atrás dele, irão para a cama imediatamente e deixarão tudo e todos por ele. Ele pode fazer o que quiser.

Há alguns fãs masculinos também, mas há menos, e além disso, começou com elas, e foram elas que gritaram e desmaiaram com os Beatles. Quando elas são, "o mais", "o homem", seu comportamento muda completamente e elas se entregam a níveis estratosféricos. Se entregam incondicionalmente e toleram qualquer coisa para ver o ídolo.

É a isto que nós, sedutores, temos que aspirar. Uma coisa é seduzi-los e outra é deixá-los loucos. Vamos ser a droga deles, vamos fazê-los drogados de nós, vamos deixá-los sofrer o macaco por não nos verem. Um ventilador nunca é perdido. Se ela vir seu ídolo depois de 40 anos, ela desistirá de tudo por ele se ele prestar atenção nela.

Quando eu tinha 15 ou 16 anos, eu estava em um nível de beleza brutal e tinha todas as garotas da cidade enlouquecendo. Houve quem me seguisse na rua e me elogiasse. Quando eu me voltava, elas fugiam ou

COMPREENDENDO AS MULHERES 65

me chamavam de bonitão. Era um pouco irritante às vezes. Havia uma garota que era muito bonita e eu pensei que quando eu crescesse gostaria de pegá-la. Ela era muito bonita, mas naquela época ela devia ter uns dez ou doze anos de idade.

Depois de cerca de 23 anos eu estava uma noite em um pub em outra cidade. Olhei em volta e vi uma garota que se parecia exatamente com aquele ventilador. Sabia imediatamente que era ela, fui até lá e lhe perguntei.

-Você é meu fã de 20 anos atrás, não é?

Ela disse que sim, que eu era igualmente bonito, que eu era um flerte, que eu estava me atirando na amiga dela antes.

Eu disse: "Sim, eu sou, eu sou um flerte".

Então eu a agarrei e fui beijá-la, disse-me o ventilador.

-Eu tenho um namorado,

Ela estava tremendo e nervosa, porque sabia que não seria capaz de resistir.

Eu disse: "Está tudo bem", e eu a agarrei e a beijei.

A fã foi corajosa e logo depois de fugir em choque, ela partiu para não fazer nenhuma loucura comigo, pois deve ter estado muito apaixonada por seu namorado. Mas bem, você pode ver que mais de 20 anos depois, sem nunca ter falado com ela, nem mesmo naquela época em que ela estava me perseguindo e sem ter feito nada, eu consegui a peça sem nenhum esforço, mesmo que tenha sido apenas parcialmente. Enorme é o poder do sedutor que se torna um ídolo e cria uma legião de fãs.

Amigas.

As amigas são ao mesmo tempo amigos e rivais. Se você estiver em um relacionamento com uma garota do grupo, elas podem se voltar contra você. Isto acontece se elas quiserem continuar festejando com ela. Elas vão querer tirá-lo do caminho, para terminar com você. elas estarão fofocando contra você, porque não podem estar sem sua amiga, especialmente se ela for carismática e a alma do grupo.

Portanto, você tem que se esforçar ainda mais para pegá-la, pois elas estarão criticando você e influenciando-a contra você.

Isto também aconteceu comigo, e eu saí por cima. Os que perderam foram os amigos. No final, ela os deixou. Outras vezes pode acontecer que assim como sua garota gosta de você, muitos outros no grupo também gostam de você e lutam às escondidas para conseguir seus favores. Os grupos são perigosos, porque ou elas não gostam de você ou o querem.

Vamos aproveitar essas peculiaridades de grupos e nos dedicar não a ter um relacionamento sério com um deles, mas a paquerar em geral. Neste caso, elas não sentirão que você está tirando a amiga delas, porque você é totalmente livre e, além disso, você estará no mercado e poderá pegar todas as meninas do grupo delas. Quanto mais você deixar claro que você está livre e ela está livre, mais seus outros amigos vão querer flertar com você.

Se ser um namorado é burro, ser namorado de uma garota de um grupo de amigos muito bonitos é totalmente burro.

Necessidade de afeto.

Algumas garotas não sabem como ficar sozinhas, porque o romantismo e o desejo de viver com um companheiro têm causado tanto impacto nelas que se sentem mal se não tiverem um namorado. Essas mulheres andam por aí se entregando a qualquer um que elas pensam que pode ser o namorado, se não o namorado dos sonhos, então pelo menos um namorado adequado.

O que elas fazem freqüentemente, movidas por sua necessidade de afeto, é se apegar a personagens inescrupulosos que as utilizam para o sexo e as abandonam. Não é o mais normal que isso aconteça, mas há alguns casos desse tipo.

Devemos detectar esta necessidade emocional e se estamos com uma garota como esta, devemos deixá-la imediatamente. Estas meninas românticas não são nosso estilo e o que vamos oferecer não é o que elas procuram.

Um bom sedutor não abusa dessas fraquezas humanas.

Exemplo nº 2.

Uma vez eu estava sozinho em um pub e uma garota que eu sabia que estava lá. Ela era a amiga de várias garotas que eu havia pegado do mesmo grupo. Nunca havia notado esta porque ela era a que eu menos gostava.

Ela me disse: "O que você está fazendo aqui sozinho?

Eu disse a ela: "Bem, nada, apenas tomando uma bebida no pub".

Ela olhou para mim e disse.

- Você poderia me ligar um dia destes e nós saímos para tomar uma bebida, se quiser. Eu lhe darei meu número de telefone.

68 JOHN DANEN

Vi-a como uma mulher macia, pouco atraente para mim, a típica de que falo neste capítulo, necessitada de afeto, e lhe respondi.

-Acredite em mim, um homem como eu não é bom para você.

Ela disse...

-Oh, isso mesmo, você está certo, obrigado, obrigado".

Assim, eu a salvei de sofrer o desgosto de estar comigo. Uma boa ação.

Romantismo, a grande mentira.

Muitas meninas se tornaram completamente macias e caíram na armadilha criada pelos filmes, novelas e programas românticos. Esta armadilha é tão grande que muitos deles arruinam totalmente suas vidas pensando que sabem o que querem, ao invés de ouvir seus instintos mais profundos. Esta armadilha é que elas têm que procurar um príncipe encantador, um homem romântico, cavalheiresco, educado, que é dedicado a elas, que as protege e que as trata como pequenas princesas. Isso só acontece no cinema, elas não vão encontrar um homem assim e se encontrarem, o que é muito improvável, mas que também pode acontecer, esse homem será praticamente pouco atraente, pois seu caráter prestativo, carente e lisonjeiro acabará incomodando-as.

Elas são geneticamente programados para ir atrás do macho Alfa, o homem de mente poderosa, forte, confiante, másculo, masculino. Um homem que, embora charmoso, também é independente e duro e não se curva a cada capricho deles e tolera cada abuso, um homem de verdade.

Uma coisa pelo seu raciocínio é querer o homem romântico e outra pelo seu instinto de desejar o macho Alfa. É por isso que todos aqueles que buscam o romance, quando encontram algo semelhante ao que querem, se sentem mal e carecem de algo; porque não escutaram seu instinto profundo. Elas vivem infelizes e, no final, esses bons homens acabam abandonados, ou cornundados, ou ambos. É uma lei da vida que elas são atraídas pelo macho Alfa.

Classe social e relacionamentos.

Se há uma coisa que limita suas chances de sucesso na sedução, é a classe social à qual você pertence. Uma garota de classe alta dificilmente irá com um homem de classe baixa. Isto é chamado de hipergamia.

No entanto, um homem da classe alta pode ir perfeitamente bem com uma garota da classe baixa. Elas estão sempre procurando melhorar sua posição em status social e vão querer ir com homens de classe social mais elevada do que elas, portanto você tem que elevar seu status na sociedade. Tente ganhar mais dinheiro, pois se você for pobre, só terá acesso a meninas pobres. Mesmo essas próprias meninas não vão querer ir muito com você.

Esta é uma das limitações mais importantes. As mulheres ainda são atraídas por homens com mais status e dinheiro, porque durante muitos milênios tiveram que viver do que os homens lhes proporcionaram. Isto permaneceu em suas mentes e elas estão sempre procurando melhorar nesta área.

Se você é da classe baixa, a única coisa que você pode fazer para pegar as meninas da classe alta é fingir pertencer à classe alta, mas isto é complicado e facilmente desmontável.

Esta, creio, é a única limitação importante para sua capacidade de seduzir. Entretanto, se você desenvolver ao máximo sua atratividade e sua capacidade de sedução, você será capaz de quebrar esta barreira em muitas ocasiões, porque sua tremenda atratividade os fará sentir-se

COMPREENDENDO AS MULHERES 71

atraídos por você, mesmo que você seja um homem de classe inferior, sem dinheiro e sem posição.

Elas têm em mente procurar um homem com mais posição do que elas, então agora que você realmente sabe como elas pensam neste campo, você tem várias possibilidades:
- Fingir.
- Mentir.
- Escalada social.
- Desenvolver as suas habilidades de sedução.

Fingir é difícil e caro, porque você terá que colocar muita ênfase em sua fachada, suas roupas, seu carro, especialmente suas roupas, que são as mais visíveis. Então você pode ter uma casa muito pobre, mas elas não vão ver isso no início. Isto é muito difícil porque se elas quiserem fazer algo caro, você não poderá fazê-lo, e terá que passar para a próxima ação, mentindo. Isto é muito melhor porque você pode lhes dizer que tem uma empresa muito grande, mas que agora você tem grandes problemas financeiros, que você está praticamente falido. Você é de uma classe social elevada, mas não tem dinheiro. Isto pode valer para algumas pessoas, um homem de posição mas falido, é melhor do que uma pessoa pobre. Além disso, você tem o crédito de já ter conseguido chegar ao topo.

Ganhar dinheiro de verdade é a outra ação válida. Ela é duradoura em sua influência sobre elas. Se você não sabia como fazê-lo até agora, é provável que você continue como está, então você deve trabalhar sua cabeça criativamente para pensar em como fazê-lo, o que exigirá toda sua mente, energia e esforço. Este trabalho ocupará todo o seu tempo e você não poderá se dedicar ao paquera. Entretanto, à medida que você prospera, sua auto-estima irá melhorar, e elas notarão isso, assim como o aumento do fluxo de dinheiro que você está lidando.

A melhor ação é desenvolver sua capacidade de sedução.

Nunca gostei muito dessa coisa de fingir e mentir, e quase nunca o fiz, então é melhor aprender a sedução e elas virão mesmo que não gostem.

Feminismo e como utilizá-lo a nosso favor.

Hoje vivemos em uma sociedade totalmente dominada pelo feminismo. Não são apenas as feministas, são as próprias partes, de todas as listras, que impõem, muitas vezes totalmente, a perspectiva de gênero. Elogiam e dão poder às mulheres, gays, transexuais e menosprezam, criminalizam e punem os homens, especialmente se eles são masculinos e machistas.

Parece que temos que pedir perdão e ter vergonha de ser homens nascidos.

Para ter sucesso na música é preciso ser gay, transgênero ou, pelo menos, amigo dos gays, o macho é injuriado. As jovens são doutrinadas nas escolas para praticar o feminismo mais radical.

Tentam nos desmascarar para nos tornar pelo menos macios. Fazem tudo isso para reduzir a população mundial. Querem que os homens tenham medo de seduzir as poucas mulheres heterossexuais restantes, de modo que sejamos todos gays e lésbicas para não nos reproduzirmos.

Pode ser que a garota com quem você se atirou tenha sido doutrinada, ou simplesmente já seja uma feminista. É por isso que vou dar algumas dicas sobre como usar este feminismo em nosso benefício.

Não quer igualdade? Bem, a primeira coisa que elas têm que fazer é convidá-lo. Pagar a metade e a metade ainda é um pouco sexista. Você tem que ir um passo além. Elas não querem se capacitar? Bem, este convite indica progressivismo, igualdade e feminismo.

COMPREENDENDO AS MULHERES

Por que tem que ser o homem que convida? Se você é uma feminista, tem que banir todo esse romantismo e galanteria, é uma heteropatriarquia obsoleta. Isso denigre a mulher que é comprada com dinheiro. Uma feminista nunca tolera ser convidada.

As feministas nos fizeram um favor. Agora vamos espremer todas as vantagens que elas têm e em cada interação exigiremos que elas executem esses comportamentos, ou diremos que elas não apóiam o feminismo.

Se a menina não quiser convidá-lo, você lhe diz que ela é uma chauvinista, que ela está ancorada em comportamentos ultrapassados do passado, comportamentos nos quais as mulheres adotam um papel secundário de gratidão e submissão aos homens. O homem que os convida está comprando subliminarmente seus favores sexuais com dinheiro. Isto é repugnante. Isto é prostituí-los e denegri-los.

Se ela não os convidar, o que seria a coisa certa a fazer para compensar tantos séculos de submissão, pelo menos deixe-a pagar sua parte. Neste caso, ela seria uma feminista de má qualidade, incapaz de dar o passo em frente que toda feminista tem que dar.

Este passo que ela tem que dar para ser uma verdadeira feminista é continuar a comprar homens e assim rebaixá-los. A mulher do século XXI deve mostrar que não precisa de nenhum homem para convidá-la, pois ela já ganha seu dinheiro. Diga-lhe que você não compra de mulheres, diga-lhe que você é igual e que ela deve convidá-la, porque pagar metade e metade não é muito feminista. Uma verdadeira feminista sempre paga por si mesma.

Uma verdadeira feminista é aquela que entra nos homens. Ela não tem que esperar para ser abordada por um homem. Ela expressa sua intenção de flertar sozinha. Ela não deve adotar o papel inativo que a sociedade lhe impôs, ela deve tomar medidas e entrar nos homens. Assim, ao agir, ela porá um fim ao machismo ultrapassado que dita que devem ser elas a entrar nela. Mulheres em ação agora!

Uma verdadeira feminista dorme com um homem na primeira noite. Toda aquela besteira machista que dita que ela deve se fazer de difícil é castrar sua sexualidade, machismo ultrapassado de uma sociedade doente, é hora de as mulheres serem sexualmente liberadas. Chegou a hora de foder.

Uma verdadeira feminista tem trios e fode sem compromisso. Uma verdadeira feminista não quer ser uma namorada e passa anos aturando um homem e todas as suas coisas. Uma verdadeira feminista é liberada sexualmente e não se importa em compartilhar sua cama com vários homens, ou com outra mulher e um homem. Uma verdadeira feminista não se amarra em relações dependentes e se junta a você sem compromisso.

Uma verdadeira feminista o protege da agressão e espancará qualquer um que se meter com você. Ela faz isso porque você é seu trunfo mais precioso. Ela deve protegê-lo e assumir riscos por você. É como se ela fosse o homem e você fosse a mulher, ela vai protegê-lo e cuidar de você e mimá-lo.

Uma boa feminista tem que mantê-lo muito feliz. Ela tem que fazer todas as coisas machistas que os homens sempre fizeram para subjugá-los e subjugá-los. Aquela merda de convidar, dar presentes e dar-lhes banho de atenção. Essa merda subjugou as mulheres. Ela tem que ter poder e subjugar os homens como eles a subjugaram antes. Para isso você será levado em viagens, sempre convidado, elas lhe comprarão coisas e lhe prestarão atenção, assim você será objetivado e comprado.

Por que tem que ser o homem que faz esses comportamentos antiquados e machistas? Deixe-a fazê-los, assim ela terá total poder e você será sua jóia subjugada e preciosa.

Uma mulher atualizada e feminista dá muita importância ao sexo e quer tê-lo com freqüência, porque houve muitos séculos de repressão sexual. Agora ela toma as rédeas e se propõe a foder. Ela fode tudo o que as velhas mulheres demersais dos séculos anteriores não fodiam. Aquelas mulheres ridículas que tiveram que ser virgens até os 30 anos e que casaram com homens mais velhos, que as foderam pouco e mal. Agora ela fode desde muito jovem e é assim que a liberação sexual está avançando.

COMPREENDENDO AS MULHERES 75

Se você é um homem bonito ou atraente, você é um troféu para elas. Elas devem fazer um esforço e mantê-lo feliz. Além disso, os poucos homens que restam estão se tornando cada vez mais valiosos, porque a homossexualidade está avançando mais e mais nesta sociedade. Somos cada vez menos heterossexuais e machistas; por isso, elas têm que fazer um esforço, lutar por nós, escrever-nos poemas, ficar nervosos, preocupados e até mesmo obcecados, para conseguir nossos favores. Elas têm que ser agradáveis e nos oferecer sexo para nos agradar. Isto não implica que elas serão as escolhidas, pois estamos constantemente nos oferecendo sexo. Centenas de meninas terão que lutar por nossos favores todos os dias, saturando-nos com propostas. Elas nos oferecem trios e orgias para nos agradar, e dentre as muitas ofertas, escolhemos algumas delas. As escolhidas estão muito contentes e super gratas e lisonjeadas, é uma honra para elas. É um enorme triunfo a ser escolhida por nós.

Elas têm que entrar em nós, elas têm que nos convencernos, se não nos convencem com seus beijos, elas têm que nos dar presentes e nos levar em uma viagem, tudo pago por elas, é claro.

Isto é o que devem fazer as feministas coerentes. Agora começa o nosso melhor momento. Temos que fazer com que este feminismo tenha sucesso.

Não digo isto como uma brincadeira, digo isto como algo que acho que elas realmente deveriam fazer. Temos que ajudá-los a fazer com que este feminismo tenha sucesso, como já expliquei aqui.

Viva o feminismo!

Um mundo feminista, por favor!

Tantas críticas e eu não percebi o que é uma coisa maravilhosa o feminismo. Sou uma feminista, uma feminista convicta e radical. A mais feminista. Por favor, lute para que este feminismo vença. Não vou vender livros de sedução, mas serei mais feliz. Quando este verdadeiro feminismo finalmente triunfar, seremos capazes de viver deles como há séculos. Será a melhor hora dos poucos homens machistas que nos restam. Seremos procurados e cobiçados, elas nos apoiarão, nos comprarão carros, nos acordarão com broches todas as manhãs. Elas nos levarão em excursões, pedirão para ser fodidas, mas pensaremos sobre isso, porque há muitas outras ofertas que teremos todos os dias.

Você quer mudar tudo? Vá em frente. Éramos nós homens que tínhamos que fazer um esforço para agradá-los, para oferecê-los, para lisonjeá-los, para convidá-los, isso acabou. Agora seremos o oposto. Não precisaremos saber sobre sedução ou qualquer outra coisa, seremos mimados, convidados, cobiçados, procurados, entretidos e mimados. Elas sairão do seu caminho por nós.

Todo homem que lê isto deve refletir e contribuir com seu grão de areia para que tudo isto se torne realidade. Nunca permita que elas permaneçam no machismo. Devemos ajudá-las a se capacitarem.

Obrigado, feminista, por ajudar a fazer tudo isso acontecer. Obrigado porque você vai exigir que ela convide e você vai contar a ela estes argumentos e vai convencê-la de que isto é bom para ela.

COMPREENDENDO AS MULHERES   77

Obrigado à mulher feminista que já está pondo em prática este feminismo.

Viva o feminismo!

O fim.

As pessoas sempre quiseram entender as mulheres e pensaram que isso não era possível. Bem, não só é possível, mas é bastante óbvio como elas pensam e se comportam.

Desde a pré-história elas têm sido atraídas pelo macho Alfa, aquele que lhes ofereceu a melhor chance de sobrevivência. É por isso que elas têm sido atraídas por aqueles homens de poder, os mais fortes, os melhores caçadores, os que têm mais dinheiro, os que têm mais poder. Talvez estes homens nem sempre tenham sido os que mais gostaram, porque a verdadeira atração é sempre para o homem atraente com um físico e personalidade atraentes.

É por isso que desenvolveram sua astúcia. Astúcia para chegar perto daquele que melhor se adaptava a elas, muitas vezes sacrificando este homem atraente para garantir sua sobrevivência.

Mas não agora, agora as mulheres trabalham e não dependem de nenhum homem, muitos não são mais atraídos por esses homens poderosos. Tudo isso está mudando, agora as mulheres estão procurando o que sempre gostaram, o homem atraente.

Físico não é suficiente, porque estamos em um mundo muito intelectual no qual a personalidade é mais importante do que o físico. O homem que elas procuram é composto de duas partes: uma parte física bem construída e com boa aparência, e uma segunda e mais importante parte, seu caráter encantador, divertido, amigável e alegre. Um homem altamente valorizado e que os faz experimentar emoções intensas. O condutor sexual.

COMPREENDENDO AS MULHERES · 79

E se uma das partes tem que prevalecer, a parte da personalidade prevalece. Portanto, é muito fácil, melhorar seu físico e melhorar ainda mais sua personalidade, porque estes são bons tempos. Menos e menos mulheres estão astutamente interessadas em se aproximar de homens de poder. Chegou a hora de ser um excelente condutor sexual.

Um homem que não os escuta, mas os entende, que está cansado de seus caprichos, mas que sabe como levá-los, sabe como deixá-los excitados e sabe como entretê-los. Um homem que se diverte muito com as mulheres, mesmo que às vezes se queixe.

Desde que os requisitos mínimos físicos e de posição sejam cumpridos, você pode ser sedutor. Se você estiver em extrema pobreza, será muito difícil, mas se você atingir esses mínimos poderá seduzir muitas mulheres cultivando seu carisma.

As mulheres não são nem boas nem más, nem os homens.

Agora temos a oportunidade de virar o feminismo dominante a nosso favor. Temos a missão de libertar totalmente as mulheres de sua sexualidade reprimida e de seus hábitos obsoletos.

Não lhe falei muito sobre como transar aqui, mas é para isso que servem todos os meus outros livros. Somos cada vez menos homens machistas e, portanto, somos escassos e cobiçados. Nosso melhor momento chegou. Aproveite-o!

Vamos jogar!

Did you love *Compreendendo as Mulheres*? Then you should read *Garotas complicadas*[1] by John Danen!

[2]

As garotas complicadas existem e são um problema real. A primeira coisa que você tem que fazer é identificá-la, depois tentar minimizar os danos que ela lhe causa e se isso não funcionar, eliminá-la. Você vai em busca de diversão e encontra problemas, ninguém está seguro. Você é pego nessas armadilhas. Neste livro proponho uma série de ações que lhe permitem sair destas relações tóxicas. Seduzir garotas, pegar garotas, pegar garotas. Seduzir mulheres, pegar mulheres, apaixonar-se. Sedução. Apaixonar-se, conseguir garotas, ser sedutor, conseguir mulheres, ser atraente. Paquerar.
Fotógrafo Azanat Zhanisov

---

1. https://books2read.com/u/bpDyGW
2. https://books2read.com/u/bpDyGW

Also by John Danen

Seduction 5.0

S.A.X. Seducción. Avanzada. X.

Chicas complicadas

Seducción 5.0

El libro del tonto

Macho Alpha

Macho alpha extracto

La seducción después de la pandemia

Terriblemente atractivo

Seducción 5.1

Sedução 5.1

How to be Cool and Attractive

Sedução. Avançada. X.

Garotas complicadas

¡Basta de ser buen chico! Sé un chico malo.

El método JD. El método de seducción de John Danen

El arte de agradarte a ti mismo

¡Basta ya de abusos! ¡Defiéndete!

Enought with the abuse! Defend yourself!

Máster en seducción

Las mujeres. El amor. Y el sexo.

Supera la dependencia emocional

Atrae mujeres con masculinidad

JD Absoluta seducción

El fracaso del amor

Entender a las mujeres
La vida del seductor sinvergüenza y encantador.
El arte de la dureza
Terrivelmente atraente
Deixe de ser um bom da fita! Seja um mauzão.
Superar a dependência emocional
A arte de se agradar
Pare o abuso! Defenda-se!
O fracasso do amor.
O método JD
Overcome Emotional Dependency
Stop Being a Good Boy! Be a Bad Boy
Complicated girls
The Art of Pleasing Yourself
Duro y Sinvergüenza
Mestre en sedução
JD Method
The Failure of Love. The Trap of Serious Relationships
Master in Seduction
A. S. X. Advanced. Seduction. X
Women. Love. Sex
Alpha Male
Attract Women with Masculinity
JD Absolut Seductión
Understanding Women
The Life of the Shameless and Charming Seducer.
The Art of Toughness
Tough and Shameless
Überwindung der Emotionalen Abhängigkeit
Maître en séduction
Schrecklich Attraktiv
Surmonter la Dépendance Émotionnelle
L'art de la dureté

Die Kunst der Zähigkeit
Hör auf, ein guter Junge zu sein, sei ein böser Junge
Assez D'être un Bon Garçon ! Sois un Mauvais Garçon.
Die Kunst, sich Selbst zu Gefallen
Dur et sans Vergogne
Hart im Nehmen und Schamlos
L'art de se Plaire à soi-Même
Das Scheitern der Liebe
L'échec de L'amour.
Meister der Verführung
Die JD-Methode
Maestro di Seduzione
Terriblement Attrayant
La Méthode JD
Capire le donne
Compreendendo as Mulheres

About the Author

Español.

Soy un hombre vividor y divertido que busca el lado bueno de las cosas siempre.

Mi experiencia es el campo de las relaciones personales y de la seducción. Por eso tras dedicarme larguísimas décadas a ello, quiero trasmitir mis conocimientos. Para que las nuevas generaciones tengan unos conceptos que les den una ventaja competitiva sostenible y poderosa en el campo del amor.

Quiero ayudarte a a conseguir tus metas.

Português.

Sou um homem animado, e divertido, que sempre procura o lado bom das coisas.

Minha experiência está no campo das relações pessoais e da sedução. É por isso que, após décadas de dedicação a ela, quero transmitir meus conhecimentos.

Quero ajudá-los a alcançar seus objetivos.

Inglés
I am a lively and fun man, who always looks for the good side of things. My experience is in the field of personal relationships and seduction. That is why, after decades of dedicating myself to it, I want to pass on my knowledge. So that the new generations have concepts that give them a sustainable and powerful competitive advantage in the field of love.

I want to help you achieve your goals

Français Je suis un homme vif et drôle qui cherche toujours le bon côté des choses. Mon expérience se situe dans le domaine des relations personnelles et de la séduction. C'est pourquoi, après m'y être consacré pendant des décennies, je veux transmettre mes connaissances. Pour que les nouvelles générations disposent de concepts qui leur donnent un avantage concurrentiel durable et puissant dans le domaine de l'amour.

Je veux vous aider à atteindre vos objectifs.

CPSIA information can be obtained
at www.ICGtesting.com
Printed in the USA
BVHW031442131022
649370BV00010B/806